dr Frits Winter

de Angst de Baas

Uit de Greep van de Angst

1e druk 1998
2e druk 2003

Distributie: RuitenbergBoek,
Birkstraat 141
3768 HE Soest
Tel. 033-4612684
E-mail: ruitver@tiscali.nl
Illustratie: Alison M. Morgan, Hengelo
Vormgeving: Cor Sellenrode, Hengelo
NUGI 860
ISBN 90 5513 223 3

Dankwoord

Allereerst wil ik Marina, mijn vrouw, bedanken voor de vrijheid, de steun en de liefde, die zij mij al meer dan 25 jaar geeft.

Mijn kinderen Bart, Sjoerd en Krista bedank ik voor hun humor, hun relativerend vermogen, hun hartelijkheid en hun spontaniteit voor een vader, die allerlei ideeën en opvattingen heeft en hen daar soms te veel mee lastig valt.

Vervolgens bedank ik al die patienten die mij hun vertrouwen hebben gegeven. Zij hebben mij hun kwetsbaarste kanten laten zien: hun onzekerheden, zorgen en angsten. Zij hebben hun kwaadheid en machteloosheid met mij gedeeld. Er waren vaak tranen, er waren vaak teleurstellingen, maar gelukkig was er ook vaak oprechte vreugde.

Het schrijven van dit boek was een uitdaging en een voorrecht vanwege de schat van informatie die mij door patiënten werd aangedragen. Ik heb heel veel van hen mogen leren, dat ik nu met anderen kan delen.

Speciaal wil ik Monique Smits bedanken, omdat zij voor verschillende hoofdstukken belangrijke informatie heeft geleverd. Haar strijd was de aanleiding om met dit boek te beginnen. Ook wil ik Coby Kiffen bedanken. Haar moedige strijd tegen het angstmonster heeft mij steeds geïmponeerd. De wijze waarop zij zichzelf weet te handhaven en bovendien nog anderen helpt, verdient alle lof. Zowel voor haar als voor Elly Kingma en vele anderen geldt:

Men weet pas hoe moedig iemand is, als men zijn angsten kent.

Coby, Elly en vele anderen zijn feitelijk de onbekende helden, die nog steeds moedig doorvechten waar vele anderen het allang hadden laten afweten. Aan al deze stille helden wil ik gaarne dit boek opdragen.

Frits Winter

Inhoudopgave

Voorwoord

Angst is op zich niet positief of negatief. Angst is goed als het u waarschuwt voor gevaar, zodat u zich niet onnodig aan te grote risico's blootstelt. Intense of chronische angst is negatief.

- Intense angst is negatief, omdat u daardoor blokkeert op momenten dat u juist optimaal moet functioneren.
- Langdurige angst is negatief, omdat het u uitput en daardoor uw leven steeds meer ontregeld wordt.

Angst werkt negatief als uw lichaam te sterk reageert op denkbeeldige of feitelijke gevaren. U transpireert, u voelt een pijnlijke druk op de borst, uw hart gaat te keer, u wordt duizelig of misselijk, u krijgt knikkende knieën, uw ademhaling slaat op hol en zo voort. Het lijkt op een hartaanval. U dreigt flauw te vallen of u gaat letterlijk onderuit.

Na een dergelijke paniekaanval bent u volledig uit het veld geslagen en u denkt: 'Dat nooit meer!' De angst dat dit weer kan gebeuren (de angst voor de angst) kan volledig uit de hand lopen en uw leven gaan beheersen. Het is belangrijk dat u deze angst tot redelijke proporties terugbrengt.

Het is mogelijk met de principes uit de gedrags- en leerpsychologie de angst de baas te worden. Minder angst betekent meer vrijheid, meer ondernemen, meer kansen en meer uitdagingen! U kunt uw vrijheid door extreme angst in één klap kwijtraken, maar u kunt uw vrijheid niet met één klap terugveroveren.

U heeft misschien wel een lange en moeilijke weg te gaan bij het overwinnen van uw angst. Er is echter reden voor vertrouwen: Vóór u hebben reeds velen met ernstige angstproblemen deze moeilijke weg succesvol afgelegd. De kans dat u uw angst de baas wordt, neemt toe als u de principes en richtlijnen uit dit boek bestudeert en leert toepassen.

U kunt uw problematiek niet overlaten aan hulpverleners en therapeuten. Zij kunnen u adviseren en begeleiden, maar er is alleen kans op succes als u zelf de verantwoording naar u toetrekt. U bent al ervaringsdeskundige, omdat u alleen uw eigen situatie kent en de angst voelt. Als u nu ook nog uw kennis en inzichten vergroot, dan bent u all-round deskundigen en kunt u uw angst te lijf te gaan.

Angst en onzekerheid zijn over het algemeen een gevolg van verschillende factoren. Overbelasting, vermoeidheid, zorgen, spanningen, gevoelens van machteloosheid en stress spelen allen een rol in het ontstaan van chronische angst en paniekaanvallen. De angsten maken de reeds bestaande zorgen en spanningen alleen nog maar groter. Hierdoor ontstaat een vicieuze cirkel waarbij de angst de reeds aanwezige spanning doet toenemen en deze gespannenheid weer meer angst veroorzaakt.
De vraag is: hoe doorbreekt u deze cirkel? Hoe kunnen vertrouwen, rust en zekerheid weer in uw leven terugkeren?

Aangezien angst heel veel energie 'vreet', bevinden veel mensen met angstproblematiek zich in een staat van ernstige vermoeidheid en soms zelfs uitputting. Een eerste stap in het bestrijden van de angst is dan ook het herstel van de energiehuishouding. Het herstel van uw lichamelijke en mentale conditie kan het vertrouwen in uzelf doen terugkeren..
U leert en ervaart, hoe optimale inspanning en diepe ontspanning uw energiehuishouding beïnvloeden en hoe u daarmee uw chronische vermoeidheid te lijf kunt gaan. Zodra u zich fitter en energieker voelt, krijgt u meer weerstand en dit vergroot uw incasseringsvermogen. U heeft een fundament neergelegd. Vervolgens is het zaak na te gaan hoe u uw zelfvertrouwen weer terug kunt krijgen en hoe u anderen daar het beste bij kunt betrekken.

Belangrijk is nu dat u te weten komt hoe angst groeit of afneemt afhankelijk van denkpatronen en leerervaringen. De kennis van de principes en wetmatigheden die uw denken, handelen en gevoelens beheersen zal u helpen uw eigen therapeut te worden.

De leerprincipes maken u duidelijk, dat u wel *met* uw gevoelens kunt werken, maar niet *tegen* uw gevoelens. Dit betekent dat u uw grenzen en beperkingen leert kennen en leert eerbiedigen en dat u vervolgens op een rustige, ontspannen, evenwichtige manier uw mogelijkheden groter maakt. U leert greep te krijgen op uw eigen gevoelens, zodat de omgeving en anderen minder invloed op u hebben en daardoor minder bedreigend zijn. U leert zich goed te voelen bij datgene waar u zich goed bij wilt voelen.

In deze cursus leert u hoe u zich de kennis eigen kunt maken en de steun kunt verwerven, die noodzakelijk zijn om de angst de baas te worden.

Les 1 Chronische Angst

Inleiding

Dit boek gaat over het bestrijden van angst en onzekerheid. De lessen richten zich op ernstige angstproblemen. Deze aanpak is daardoor ook geschikt voor vormen van angst, die minder ernstig zijn. Immers, dezelfde factoren spelen zowel bij milde als bij extreme angst een rol. Bij extreme angst en paniekaanvallen zien we eigenlijk onder een vergrootglas wat angst doet. Als de principes van dit boek helpen bij een extreem angstprobleem, dan zullen dezelfde principes zeker van nut zijn bij milde angstproblemen. Immers, ook als angst niet extreem is, kan zij toch heel veel invloed hebben. Relatie en carrière kunnen lijden onder onzekerheid en angst. Als op de werkplek of in de relatie het vertrouwen groter wordt en de angst afneemt, dan kan de kwaliteit van het leven daardoor drastisch toenemen.

Onzichtbare handicap

Aangezien mensen niet met hun angst te koop lopen, is het moeilijk een schatting te maken van de omvang van de angstproblematiek. De meeste mensen zouden wat vrijer en doortastender willen zijn. Veel mensen hebben ernstige beperkingen als gevolg van te veel angst en onzekerheid. Examens, sollicitatiegesprekken of toespraken mislukken nogal eens als gevolg van faalangst. De angst te falen doet mensen blokkeren en juist daardoor falen zij. Veel mensen hebben sociale angst, durven hun mening niet te geven of komen niet op voor hun belangen. We kunnen rustig zeggen dat 90% van alle mensen last van sociale angst heeft. Daarnaast zijn er de paniekstoornissen: angst die het leven ontregelt en normaal functioneren onmogelijk maakt. Paniekstoornissen komen waarschijnlijk bij één tot drie procent van de volwassen bevolking voor, d.w.z. bij ongeveer een half miljoen mensen in Nederland. Incidenteel heeft 5% tot 13% wel eens een angst of paniekaanval.

Soms proberen mensen hun angst enigszins onder controle te houden door bepaalde handelingen of rituelen. Bij smetvrees is dat bijvoorbeeld: veelvuldig handen wassen. Hier gaat aanvankelijk een zekere angst dempende werking vanuit. Het geeft de illusie van controle. Vaak is dit middel nog erger dan de kwaal. Deze handelingen krijgen een dwingend karakter, ze worden een obsessie (obsessieve compulsieve stoornis). Men voelt zich verplicht bepaalde handelingen vaak te herhalen. De Stichting Fobieclub Nederland schat het aantal mensen met dwanghandelingen op grond van chronische angst op 100.000.

Er zijn dus heel veel mensen, die met dit verborgen probleem rondlopen. Misschien bent u één van hen of kent u iemand met deze onzichtbare handicap. U vraagt zich dan af: Hoe komt een normaal, weldenkend mens aan een extreem angstprobleem? Moet men daarvoor ernstig psychisch in de knoei zitten?

Verlammende angst

Iedereen kent angst en dat is maar goed ook. Angst maakt u bewust van aanwezig of dreigend gevaar. Voor gevaar dient u angst te kennen, zodat u op uw hoede bent. Als u angst heeft op het balkon van een hoge flat, bij het zien van een roofdier of bij een te hoge snelheid in een auto, dan heeft uw angst een nuttige functie. Voor deze angst bestaat een gegronde reden en onder invloed van de angst maakt het lichaam zich klaar om te vluchten of te vechten.

Door allerlei omstandigheden en leereffecten kan een natuurlijke angst overgaan in extreme, chronische angst. Angst die u verlamt. Men spreekt dan over een fobie. Een fobie is 'uit de hand gelopen angst'. Het is angst die zijn normale signaalfunctie:
Pas op, reëel gevaar! heeft verloren. Deze angst leidt niet tot een adequaat reactiepatroon, tot een natuurlijke verdedigings- of aanvalsreactie. Deze angst verlamt en ontluistert; het is een vorm van paniek, waar u geen of weinig controle over heeft.

Oorzaak en gevolg

In tegenstelling tot wat men over het algemeen denkt, wordt een angstprobleem niet altijd veroorzaakt door een psychisch probleem. Het is dan ook niet altijd zinvol naar de "psychische" oorzaken van angst te gaan zoe-

ken. De vraag is niet op de eerste plaats: 'Waar komt mijn angst vandaan?', alswel: 'Hoe raak ik mijn angst kwijt?'
Ook al ligt er geen psychisch probleem ten grondslag aan de angst, een angstprobleem heeft wel psychische problemen tot gevolg! Chronische angst ondermijnt het zelfvertrouwen, kan iemand in een isolement brengen en van zijn vrijheid beroven. Als angst steeds meer invloed krijgt, dan wordt het leven uitzichtloos. Het betekent nooit meer lekker kunnen doen waar je zin in hebt, altijd nadenken. Dat is heel vermoeiend en ook deprimerend. Angst kan dus ingrijpende gevolgen hebben.
Ook al kan iedereen een angstprobleem krijgen en ook al is er geen duidelijke psychische oorzaak voor angst, we kunnen wel een aantal risicogroepen en risicofactoren onderscheiden.

Risicogroepen

Bepaalde mensen hebben meer kans een angstprobleem op te lopen dan anderen.
Risicogroepen zijn mensen met de volgende persoonlijkheidskenmerken:

Introversie

Bent u erg gevoelig voor prikkels? Heeft u behoefte aan een rustige omgeving? Gaat u liever met weinig mensen intensief om dan met velen oppervlakkig?
Te veel of te harde prikkels roepen bij iedereen angst op. Iemand die introvert is, ervaart prikkels sneller als indringend en beangstigend. Op een extravert persoon maakt alles minder indruk. Extraverten zijn ook minder leerbaar (therapieresistent). Omdat introverten zo gevoelig zijn, leren ze sneller angsten aan. Ze zijn ook erg therapiegevoelig. Met een goede therapie raken introverte personen dan ook hun angst sneller kwijt.

Perfectionisme

Wilt u almaar meer dan u eigenlijk kunt? Wilt u alles steeds beter doen? Stelt u hoge eisen aan uzelf en raakt u daardoor gemakkelijk overbelast? Loopt u vaak op uw tenen?
Bij overbelasting komen prikkels indringender over. Men wordt door overbelasting meer introvert. Prikkels en signalen maken meer indruk, wanneer we moe zijn. Prikkels hebben minder invloed, wanneer we goed zijn uitgerust.

Emotionaliteit

Bent u nogal gevoelig van aard? Bent u sterk onderhevig aan stemmingen?

Bent u snel uit het veld geslagen? Heeft u veel moeite met kritiek?
Bij emotionele mensen zijn zowel de positieve als de negatieve gevoelens sterker en intenser dan bij meer flegmatieke personen. Ze vinden het moeilijk afstand te nemen van problemen en zich zakelijk op te stellen. Dat maakt hen kwetsbaar.

Risicofactoren

Ook bepaalde omstandigheden en leerervaringen kunnen de kans op een angstprobleem groter maken.

Basisveiligheid

Heeft u als kind voldoende nestwarmte meegekregen? Voelde u zich volledig geaccepteerd? Mocht u zijn zoals u was? Was alles bespreekbaar?
Moest u liefde verdienen door lief, knap, braaf, flink of sterk te zijn? Was er sprake van emotionele verwaarlozing? Een te zakelijke en gevoelsarme opvoedingsstijl?
Is u in de buurt of op school het slachtoffer geweest van pesterijen of waren er voldoende vriendjes/vriendinnen?
Was er ziekte of financiële problematiek, waarover niet voldoende gesproken werd?
Was er een open klimaat en voldoende vrijheid of was er overbescherming, angst, veel regels en overbezorgdheid?
Mensen die opgegroeid zijn zonder voldoende basisveiligheid, zijn daardoor vaak te veel op hun hoede. Steeds alert moeten zijn, leidt tot verbruik van meer energie.

Eenzaamheid

Heeft u te veel tijd om na te denken? Probeert u uw problemen zoveel mogelijk alleen op te lossen? Wilt u anderen niet lastig vallen, vindt u het moeilijk hulp te vragen?
Mensen die hun problemen niet willen delen, zijn vaak veel vermoeiender bezig dan mensen die hun problemen gemakkelijker delen. Bovendien hebben problemen die opgekropt en verdrongen worden, veel meer invloed dan moeilijkheden die gewoon op tafel komen en uitgesproken worden. Voortdurend uw problemen weg te duwen kost veel energie.

Overbelasting

Heeft u lange tijd op uw tenen gelopen? Bent u de laatste tijd vaker over vermoeid geweest?
Overbelasting hoeft niet het gevolg te zijn van perfectionisme. Het is niet

altijd zo dat mensen zichzelf te veel ballast op de schouders hebben gelegd. Soms heeft men door omstandigheden gewoon te veel te dragen gehad.

Ingrijpende gebeurtenissen (life events)

Elke ingrijpende, heftige gebeurtenis eist vroeg of laat zijn tol. Dreigend ontslag, slepende konflikten, een levensbedreigende ziekte, een ernstig ongeluk of een dramatisch verlies kunnen diepe emotionele wonden slaan. Bent u het slachtoffer geweest van schokkende ervaringen zoals mishandeling of seksueel misbruik? Ook al heeft men van huis uit veel basisveiligheid meegekregen, een dergelijke gebeurtenis slaat alle fundamenten onder iemands leven vandaan. De basisveiligheid, die er was, verdwijnt als gevolg van het trauma.

Onderbelasting

Zijn er voor u nog uitdagingen? Zit u in een doodlopende straat? Is er een leegte in uw leven gekomen? Heeft u lol in de dingen die u doet? Wordt u beperkt in uw mogelijkheden door ziekte of handicap? Als u teleurgesteld bent in het leven, in uw werk, in uw relatie, dan bent u extra kwetsbaar en gevoelig.

Let wel, de bovenstaande factoren op zich hoeven niet tot een angstprobleem te leiden. Er zijn dus talloze introverte mensen zonder een extreem angstprobleem; er zijn ook talloze introverte, perfectionistische mensen zonder extreme angst en er zijn talloze introverte, perfectionistische, emotionele mensen die niet fobisch zijn. Zo kunnen we de hele reeks afmaken. Wel kunt u bij uzelf nagaan welke risicofactoren u bij uzelf herkent. Mede op grond daarvan kunt u een plan ontwikkelen, waarmee u de angst te lijf kunt gaan. Alleen met een goed plan, een goede strategie heeft u kans van slagen. Alleen uw best doen, alleen wilskracht, alleen vechten helpt niet.

Vechten of vluchten

Angst en onzekerheid roepen spanning op. Vertrouwen en zekerheid geven ontspanning.

Een leven zonder spanning is saai en uitzichtloos. De mens heeft uitdagingen en een zekere spanning nodig. Deze spanning mag echter niet te groot worden en niet te lang duren. Angst betekent dat het lichaam de opdracht krijgt zich klaar te maken om te vechten of te vluchten. De hartslag gaat omhoog, de ademhaling versnelt, waardoor de spieren worden voorzien van extra zuurstof. Het maag-darmkanaal en de blaas worden zo snel mogelijk geleegd. Als er nu inderdaad gevochten of gevlucht kan worden, dan is deze inspanning niet voor niets. Wanneer actie uitblijft, dan gaat het mis. In onze moderne, westerse samenleving hebben de meeste mensen te veel aan hun hoofd; ze lopen te vaak op hun tenen en hebben te weinig de gelegenheid zich te ontspannen.

Langdurig vechten zonder zicht op de overwinning geeft stress, vermoeidheid en steeds meer angst. Hoe langer u angstproblemen heeft, des te meer verliest u het vertrouwen dat u ooit nog de angst de baas zult worden. Uw frustraties leiden wisselend tot woede en depressiviteit en deze gevoelens worden steeds sterker. Veel mensen met angst vechten al heel lang zonder veel succes tegen hun angsten.
Bij gevoelens van machteloosheid en uitzichtloosheid produceert het lichaam het stresshormoon cortisol. Cortisol ondermijnt het verdedigingssysteem van het lichaam, leidt tot uitputting en heeft een verlammende werking.
Hoe langer de angst duurt, hoe meer stress:
Machteloosheid - Uitzichtloosheid ⇨ Cortisol ⇨ Uitputting.

Kortdurende, succesvolle gevechtsacties geven daarentegen voldoening en positieve emoties. Het lichaam maakt adrenaline en deze stof geeft extra kracht en energie.
Invloed - Macht - Succes ⇨ Adrenaline ⇨ Energie.

Ongezonde spanning en stress ontstaan:
- Als u zich zorgen maakt over zaken die u niet kunt beïnvloeden.
- Als u zich schuldig en machteloos voelt.
- Als angst en onzekerheid, verdriet, ergernis of opgekropte agressie u te veel beheersen.
- Als u verschillende dingen tegelijk wilt doen.
- Als u meer wilt doen dan u kunt.

In al deze situaties maakt uw lichaam zich klaar om te vechten of te vluchten, zonder dat er succesvolle actie op volgt. De gevolgen van een teveel aan spierspanning zijn bij veel mensen onbekend. Daarom is het goed de meest voorkomende verschijnselen van overbelasting te noemen.

Wat is er met mij aan de hand?
Wanneer u langdurig onder spanning staat, krijgt u spanningsklachten. Er zijn lichamelijke symptomen, die eigenlijk waarschuwingssignalen zijn. Zij waarschuwen u dat er te weinig veiligheid, zekerheid en harmonie is. Niet bij iedereen, die onder langdurige spanning staat, zijn alle symptomen aanwezig; bij de één meer, de ander minder. Wanneer u echter verschillende symptomen bij uzelf signaleert, dan dient u alert te zijn op overbelasting.

Chronische vermoeidheid
Ieder geluid, elke inspanning is te veel. Het liefst blijft men liggen; men begint de dag al met vermoeidheid. Lang zitten of staan lukt niet; het simpele bestijgen van een trap vormt een uitputtingsslag, die soms gepaard gaat met angstaanjagende hartkloppingen en een pijnlijke druk op de borst. Vaak tracht men het overbelaste zenuwstelsel nog wat op te krikken met stimulerende middelen. Er ontstaat een sterke behoefte aan koffie, thee en nicotine. Soms lukt het hiermee het moegestreden lichaam nog weer enigszins kunstmatig op te peppen.
Onzekerheid
De onzekerheid en het zich afhankelijk voelen nemen toe. Extreme twijfel aan alles. De neiging alles voor de zekerheid te moeten controleren, voortdurend goedkeuring en bevestiging vragen. Onzekerheid en angst kunnen ook zomaar spontaan optreden zonder duidelijke oorzaak of aanleiding.
Angstaanvallen
Ruimtevrees op pleinen en grote verkeerspunten, angst in winkels en supermarkten. Deze angst kan met duizeligheid en wegvallen gepaard gaan, hetgeen kan leiden tot vervelende situaties, waardoor de angst alleen maar groter wordt. Engtevrees in liften of andere kleine ruimten, snel een opgesloten gevoel krijgen. Angst voor mensen en angst voor alleen zijn.
Emotionele kwetsbaarheid
Meer en sneller last hebben van ergernis, agressie en verdriet. Emoties worden vaak opgekropt, tot er naar aanleiding van een futiliteit een uitbarsting komt. Stemmingswisselingen zonder aanleiding, toenemend schuldgevoel.
Vitaliteitsverlies
Emotionele vervlakking, besluiteloosheid, geïrriteerdheid. Passiviteit wis-

selt af met rusteloos, ongedurig, ongestructureerd en chaotisch gedrag.

Bewustzijnstoornis

Als gevoelens en emoties heel intens zijn en alle aandacht opeisen, dan lijkt het net alsof handelingen gebeuren zonder dat men daar zelf bij betrokken is; alsof men een soort robot wordt. Men ziet zichzelf dingen doen, alsof het een ander betrof. Het lijkt alsof men kijkt naar een film met zichzelf als hoofdrolspeler. De realiteit wordt anders waargenomen. Men noemt dit derealisatieverschijnselen.

Concentratieverlies en geheugenproblemen

Men moet alles opschrijven om het te kunnen onthouden. Niet meer weten wat men wel en niet gezegd heeft, wel en niet gedaan heeft. Moeite met lezen, het volgen van discussies, het onder woorden brengen van wat men wil zeggen.

Slapeloosheid

Ondanks de vermoeidheid vindt er geen verkwikkende slaap plaats. Er bestaan inslaap- en/of doorslaapproblemen. De slaap is oppervlakkig en licht en gaat vaak gepaard met nachtmerries.

Overgevoeligheid voor prikkels

Luidruchtig gezelschap, visites, verjaardagen, geluid van radio, televisie en verkeerslawaai worden steeds minder verdragen. Men heeft moeite met fel (zon)licht, gebruikt veelvuldig een zonnebril, heeft liefst de gordijnen dicht. Moeite met teevee kijken en felle kleuren. Men is gevoeliger voor koud en vochtig weer.

Overgevoeligheid van het pijnsignaleringssysteem

Pijnklachten in het hele lichaam. Pijnlijke en beangstigende druk op de borst. Chronische pijn vooral in de nek/schouderregio, de rug en de gewrichten. Een pijn die normaal alleen optreedt bij een zware griepaanval, is wisselend aanwezig. Aangezichtspijn en pijn in de kaken. Daarbij en daaroverheen vaak stekende en kloppende hoofdpijn, al dan niet gepaard gaande met verwoestende migraine-aanvallen.

Ademhalingsstoornissen

Door het wijder worden van de longblaasjes gaat men vaker gapen of sneller ademen. De ademhaling kan op hol slaan en men gaat hyperventileren. Hyperventilatie is bijzonder onaangenaam en beangstigend. Er ontstaat een grote angst voor hyperventilatie

Seksuele problemen

Impotentie en frigiditeit. Verlies van lustgevoel en seksuele interesse.

Gevoelens van onverschilligheid, tegenzin of afkeer t.a.v. lichamelijk en seksueel contact.

Spijsverteringsproblemen

Slikproblemen, zwaar gevoel op de maag, brandend maagzuur, obstipatie, diarree en verlies van eetlust afgewisseld met (vr)eetbuien.

Hart- en vaatziekten

Hartritmestoornissen, angina pectoris (pijn in de hartspier wegens zuurstoftekort), hoge bloeddruk, aderverkalking.

Gestoorde (fijne) motoriek en sensibiliteit

Trillende handen, uitvalverschijnselen, een doof gevoel e.d., hetgeen resulteert in van alles laten vallen, allerlei onhandigheden en ongelukjes (accident prone).

Vegetatieve klachten

Evenwichtsproblemen: Duizelig worden en zomaar wegvallen. Draaierigheid soms gepaard gaande met misselijkheid.

Het is duidelijk dat al deze klachten u naar verschillende specialisten kunnen brengen. Het is beangstigend als je vitale functies (ademhalings- en hartslagstoornissen) je in de steek schijnen te laten. Soms staan mensen letterlijk doodsangst uit, omdat ze achter hun adem zijn, denken dat ze zullen stikken, dat hun hart het begeeft.
Wat de dokter ook zegt: de patiënt is er diep in zijn hart van overtuigd: Dit is niet normaal. Er moet iets ernstigs aan de hand zijn. Hoe meer aandacht u deze klachten geeft, des te meer zullen ze uw leven beheersen.
Met de diagnose: overbelasting en uitputting van het sensibele en motorische zenuwstelsel, zijn in principe al deze verschijnselen te begrijpen..
Daarom is het van essentieel belang een succesvolle strategie te vinden. Welke strategie is bij angst succesvol?

De juiste strategie

Veel mensen vechten om hun doel te bereiken. Als het niet lukt, gaan ze harder vechten. Als het dan nog niet lukt en ze almaar verder van hun doel verwijderd raken, worden ze ontmoedigd. Men denkt vaak dat zelfbeheersing en zelfdiscipline de instrumenten zijn, waarmee men angst te lijf moet gaan. Helaas dat is niet waar. Daar wordt de situatie alleen maar beroerder van.
U moet niet harder vechten, maar slimmer vechten. U kunt niet tegen de

angst vechten, dat verliest u altijd. U kunt hooguit met uw angst vechten. Angst is een geduchte tegenstander. Een gevecht met deze tegenstander vereist veel kennis, een goede strategie, soms tactisch terugtrekken en een tijdelijk bestand. Het is een soort querrillaoorlog, waarbij grote veldslagen vermijdt en u met voortdurende, kleine plaagstootjes uw vijand demoraliseert en uitput. Uiteindelijk is de vijand murw en wil hij alleen nog maar vrede en vriendschap.

Het is beter met uw gevoelens en uw angst vriendelijk om te gaan. Veel mensen hanteren de zweep of de knoet om van zichzelf dingen te eisen en af te dwingen. Ze bereiken met steeds meer moeite steeds minder. Als steeds maar vechten niet helpt, kunt u dan niets doen? Gelukkig wel. Net zo goed als een angstig kind niet geholpen is met slaan of verwijten, maar met begrip en steun, zo geldt dat voor een volwassene ook. Het gaat dan om een goed systeem, een goede strategie. Zonder een goede strategie verliest zelfs het beste en dapperste leger de oorlog.

Doelgerichte actie

Chronische angst zal uw leven steeds meer gaan beheersen, zal u steeds meer in een isolement drijven, zal u steeds eenzamer maken, zal u volledig gevangen houden, tenzij u met een gericht actieplan komt.
Wat heeft u nodig om uit de greep van de angst te komen? Hoe kunt u uw vrijheid heroveren?
Vijf zaken zijn belangrijk:
1. Kennis
2. Een plan, een strategie
3. Autonomie: Het heft in eigen handen nemen
4. Geduld en volharding
5. Support.

Kennis

Op de eerste plaats is het belangrijk dat u uw vijand leert kennen. Zijn sterke en zwakke kanten.
- Wat is de rol van de omgeving, van anderen en van de omstandigheden?
- Wat is de rol van stress en vermoeidheid?
- Wat is de rol van leereffecten?
- Hoe vindt angstreductie plaats?

- Waarom is een goede afwisseling tussen inspanning en ontspanning zo noodzakelijk?

Dit boek kan u helpen. De principes en richtlijnen geven u de basisprincipes en de praktische kennis, waarmee u aan het werk kunt gaan en waarmee u uw angst tot redelijke proporties kunt terugbrengen.

Een aanvalsplan

In uw strijd met de angst mag u veldslagen verliezen en nederlagen lijden. Het gaat vooral om de door u gehanteerde techniek. U kunt nog zo hard uw best doen, maar u zult weinig bereiken, zolang de door hun gekozen benadering niet goed is. Het werkt beter als u niet vecht volgens een alles of niets methode. U kunt beter uw strategie wijzigen als uw aanpak niet werkt. Een goede strateeg heeft een alternatief voor het geval de gekozen strategie niet tot de overwinning leidt. Hij weet dat de oorlog niet door de eerste de beste veldslag wordt bepaald, maar door de laatste. Geduld is belangrijk. Als het een keer niet lukt, denk eraan: Niet harder gaan vechten, maar slimmer.

Autonomie

Het is noodzakelijk dat u het heft in eigen handen neemt. Anderen kunnen uw angstprobleem niet oplossen. Belangrijk is dat u een omgeving creëert, waarin u zich voldoende veilig voelt en waar ook voldoende uitdagingen liggen.

Volharding

Nooit opgeven, soms tactisch terugtrekken en even voor de luwte kiezen. Vervolgens opnieuw op een andere wijze de aanval openen. In een uitputtingsoorlog zult u de taaiste blijken te zijn. Uiteindelijk zult u uw vijand op de knieën dwingen en u zult de vredesvoorwaarden dicteren. Uiteindelijk zult u uw vrijheid, uw zelfstandigheid en uw zelfrespect heroveren. De strijd zal moeilijk en zwaar zijn. Onderschat uw vijand niet! De angst zal zich beslist niet gemakkelijk gewonnen geven. Hij zal menigmaal onverwacht terugslaan. Houdt echter uw ogen gericht op het einddoel: de angst de baas.

Support

U heeft aanmoediging en bemoediging nodig. Het is belangrijk dat u supporters heeft, mensen die met u meeleven en u door dik en dun blijven steunen. Mensen die u uw eigen wedstrijd laten spelen, bij wie u het gevoel heeft dat u uzelf kunt zijn.

Voorbereidende werkzaamheden

Bij de start en de eerste tijd van de therapie kunt u weinig spectaculaire resultaten verwachten. Eerst moet de aarde bewerkt en vruchtbaar gemaakt worden. Dat wil zeggen dat er eerst aan bepaalde voorwaarden moet worden voldaan, voor er gezaaid, geplant en geoogst kan worden. Uw leefomgeving is misschien nog een chaos. U moet dan eerst in de zomer het grove onkruid verwijderen, het land omspitten en bemesten, voor u kunt gaan zaaien. Wanneer u in het najaar kunt zaaien, zal er vervolgens een lange winter niets te zien zijn. Dan zullen er in het voorjaar her en der wat dunne, kwetsbare sprietjes omhoog steken. U zult denken dat dat eigenlijk nog niets voorstelt. Onder de grond vindt er echter op grote schaal een belangrijk groeiproces plaats. Dan opeens ziet u overal massaal leven verschijnen, steeds groter, steeds steviger en u krijgt een indruk van de overvloedige oogst. Een tijd van voldoening, vreugde en trots. Op grond van die eerste oogst zult u nieuw, onbekend, braakliggend terrein opzoeken. U zult daar voortvarend mee aan het werk gaan, vol vertrouwen, vol zekerheid dat ook daar het werk uiteindelijk zal leiden tot een rijke oogst. Al dit werk is natuurlijk alleen vol te houden met een visie. De visie van uzelf als een vrij en onafhankelijk individu.
Iemand, die aan den lijve angst heeft leren kennen en weet wat het is gevangen te zitten, zal de rest van zijn leven meer dan ooit genieten van zijn vrijheid, zijn autonomie en durf. Wat voor tallozen een alledaags gewoon gegeven is, zal voor u een uiterst waardevol bezit zijn. Mensen, die honger geleden hebben in de oorlog, zijn zich de rest van hun leven bewust van de waarde van kostelijk voedsel en zullen om die reden nooit een korstje brood weggooien. Hopelijk zal deze kennis u bemoedigen en u in inspireren het voorbereidende werk, dat voorafgaat aan het uitbouwen van uw bewegingsvrijheid, met vertrouwen en doorzettingsvermogen aan te pakken.

Als u een ernstig angstprobleem heeft en u bent er jarenlang tegenin gegaan, dan zal het geruime tijd duren voor er duidelijke veranderingen optreden. Neem dan ook de tijd voor het veranderen van de koers en heel geleidelijk zult u de gevolgen zien. Een kleine verandering in de stand van het roer heeft op termijn spectaculaire gevolgen voor het einddoel en waar het schip terecht komt. Kleine wijzigingen, grote gevolgen.

Neem de Tijd!
Gun uzelf tijd. Naarmate het letsel groter is, duurt de genezing langer. Het verlies van ver- trouwen, het verlies van het gevoel van basiszekerheid, het verlies van uzelf is een trauma. Bij intens verdriet doet elke vezel van uw lichaam pijn, uw hele lichaam is in opstand en in onrust. U weet niet waar u het zoeken moet. U wilt van alles doen om aan deze ellende te ontsnappen, maar niets helpt, want u neemt uzelf en uw verdriet overal mee naar toe.

Neem uzelf niet kwalijk dat u ontredderd bent en dat u geen greep hebt op uw emoties. Koester daarover geen schuld- of schaamtegevoelens. U bent een mens en geen robot en dus heb u recht op uw emoties. Toon ze en uit ze. Het oeverloze verdriet kan eruit gehuild worden via een oeverloze vloed van tranen. Probeer dus niet flink te zijn. Er is maar één zekerheid: De pijn wordt bij de juiste aandacht en een goede verzorging langzaam minder. De wond groeit heel langzaam dicht. Ook al voelt dat niet zo: Er is hoop. Helemaal op het eind van die lange, donkere tunnel gloort een glimpje licht. Na een koude, strenge winter wordt het langzaam steeds wat warmer. Alles wat dood en dor was, begint weer uit te lopen en te groeien. Nare, koude, dorre gedachten, verlammende vermoeidheid en slopende pijn worden heel langzaam door warmte verdreven en er ontstaan kleine knopjes van berusting. Groene, tere blaadjes van hoop botten uit. Sneeuwklokjes van vertrouwen en kleurige krokussen van nieuw optimisme kondigen de lente en een nieuw begin aan En tenslotte bloeit er in de zomer een prachtige rode roos van nieuwe liefde en nieuw geluk.

U kunt uw eigen therapeut worden!

Samenvatting

Angst heeft een signaalfunctie. Dankzij angst zijn we extra alert bij gevaar of dreigend gevaar. Onder invloed van verschillende factoren kan angst chronisch worden en leiden tot paniekaanvallen. De angst is niet meer nuttig en staat niet meer in verhouding tot de werkelijkheid. Men spreekt van een angststoornis.

Omdat mensen niet met hun angst te koop lopen, spreekt men van een verborgen handicap. Sociale angst is de meest voorkomende vorm van angst en onzekerheid. Extreme angst komt bij ongeveer 500.000 volwassen Nederlanders voor.

Chronische angst is een verborgen probleem. De invloed van een dergelijk angstprobleem kan zeer ingrijpend zijn. Faalangst en onzekerheid verhinderen dat mensen zich kunnen ontplooien. Als angst regeert, veroorzaakt dit vaak een leven vol gemiste kansen.

Extreme angsten, fobieën en paniekstoornissen kunnen het leven volledig ontregelen. Dwangmatige handelingen worden door de angst afgedwongen en beroven de patiënt van zijn vrijheid.

Psychische problemen hoeven geen angststoornis te veroorzaken. Angststoornissen veroorzaken wel psychische problemen. Chronische angst, fobieën en paniekaanvallen kunnen het normale functioneren onmogelijk maken en leiden tot psychische problemen: eenzaamheid, schaamte- en schuldgevoelens, woede en depressiviteit.

Introverte, perfectionistische en/of emotionele mensen hebben een verhoogde kans op een angstprobleem.

Omstandigheden en leerervaringen vergroten de kans op een angstprobleem zoals:
- Gemis aan basisveiligheid,
- Eenzaamheid,
- Overbelasting,
- Ingrijpende gebeurtenissen en

- Gebrek aan uitdagingen; in een doodlopende straat zitten.

De natuurlijke reactie van het lichaam op angst is vluchten of vechten. Tegen angst vechten helpt niet.
Hoe langer de angst duurt, hoe meer stress:
Machteloosheid - Uitzichtloosheid ➪ Cortisol ➪ Uitputting.

Uitputtingsverschijselen zijn:
Chronische vermoeidheid, onzekerheid, angst, emotionaliteit, passiviteit en rusteloosheid, derealisatieverschijnselen, concentratie-en geheugenproblemen, slapeloosheid, overgevoeligheid, pijn, ademhalingsstoornissen, libidoverlies, spijsverteringsproblemen.

Kortdurende, succesvolle gevechtsacties geven daarentegen voldoening en positieve emoties. Het lichaam maakt adrenaline en deze stof geeft extra kracht en energie.
Invloed - Macht - Succes ➪ Adrenaline ➪ Energie.

Belangrijk is een actieplan met daarin de volgende ingrediënten:
- Kennis van zaken,
- Een goede strategie,
- Het heft in eigen handen nemen,
- Uithoudingsvermogen en
- Support vanuit de omgeving.

Belangrijk zijn de voorbereidende werkzaamheden, het klimaat creëren, waarin de kans op succesvol handelen zo groot mogelijk is.

Stap 1 Word uw eigen therapeut.

Vragen

1. Wanneer is angst positief en wanneer niet?

2. Maak een lijst, waarop u al uw angsten en onzekerheden beschrijft.

3. Hoe lang kent u al een teveel aan angst?
   Waar wordt uw angst sterker van?

4. Waar wordt uw angst minder van?

5. Waarom gaat angst niet vanzelf over?

6. Heeft het zin tegen de angst te vechten?

7. Wanneer produceert het lichaam cortisol en adrenaline en wat zijn daar de gevolgen van?

8. Welke uitputtingsverschijnselen herkent u bij uzelf?

9. Kunt u snel succes verwachten bij het bestrijden van uw angsten?

Huiswerkopdrachten

Vraag aan een goede kennis een karakterbeschrijving. Wat zijn uw meest opvallende eigenschappen? Wat zijn u sterke en minder sterke punten?

Kunt u uw angsten in een aantal hoofdcategorieën onderbrengen (sociale situaties, specifieke omstandigheden, angst voor dingen/dieren, angst voor ziekte/dood)?
Maak een lijst van uw angsten en breng een volgorde aan van meest naar minst.

Welke angsten beperken u het meest in uw dagelijks functioneren?

Vul de onderstaande tabel in; hoe meer kruisjes des te groter de kwetsbaarheid voor angst.

Risicogroepen

	Basisveiligh.	Eenzaamh.	Overbelast	Trauma	Machteloos
Introvert					
Perfectionist					
Gevoelig					

Les 2 Inspanning

Inleiding
Wanneer u zich fit voelt, energiek en uitgerust, dan bent u automatisch minder bang. Bij chronische vermoeiheid, bij uitputtingsverschijnselen hebben angst en zorgen veel meer invloed, omdat uw weerstand weg is. Vervolgens put ook de angst zelf u nog eens extra uit. Immers, angst maakt ons klaar voor actie, voor vechten en vluchten. Maar wat valt er te vechten of te vluchten? Er is vaak een gevoel van machteloosheid.

Maandag 25 januari
Ik ben eigenlijk ontzettend kwaad. Ze hebben me zoveel pijn gedaan, echt, het snijdt door me heen. Stomme, onwetende, snel conclusies trekkende figuren. Op dit moment ben ik zover dat als iemand me geestelijk nog wat aandoet, ik echt vreselijk over de rooie ga. Niemand mag me nog wat aandoen. Hun limiet is bereikt, maar de mijne ook. Ik heb wel zin om te schreeuwen, te trappen, te slaan. Maar ja, hier in huis in mijn eentje, gaat dat moeilijk. Ik moet nu proberen los te laten, anders draai ik door.

Omdat er aan de angst vaak niet iets concreet te doen valt, ontstaat er een verschil tussen de inwendige staat van alarm, de vlucht- en vechtreactie van binnen en de uiterlijke 'rust', de passieviteit en het verlammende niets doen. Er is een groot verschil tussen uw binnenkant en uw buitenkant. Vandaar de reactie uit de omgeving: overspannen, angst? Jij? Maar jij lijkt de rust zelve.
Uw situatie lijkt op die van een auto, waarbij het gas op de plank wordt ingedrukt en er tegelijkertijd zo hard op de rem wordt getrapt, dat de auto gewoon stil blijft staan. Er is een groot verschil tussen de alarmstaat, waarin uw lichaam zich bevindt en de feitelijke actie die plaatsvindt. Dat geeft heel veel onlustgevoelens.
Uw lichaam is op den duur niet bestand tegen een situatie van innerlijke strijd en uiterlijke kalmte. Uw lichaam is het meest gebaat met ofwel strijd,

inspanning en actie of diepe rust en ontspanning. Het meest genezend is de afwisseling tussen inspanning (vechten of vluchten) en ontspanning (passiviteit). Kortdurende, stimulerende, lichamelijke activiteit, waarbij u energie verbruikt en vervolgens volledige spierontspanning, waarbij u energie aanmaakt.

Als u zich lamlendig (lam en ellendig) voelt, dan ontbreekt u de inspiratie om u in te spannen en goed bezig te zijn. Het vreemde is echter dat u tegen inspanning opziet, maar dat u van de andere kant ook niet rustig stil kunt zitten en u ook niet kunt ontspannen. U voelt een sterke ongedurigheid en rusteloosheid; u wilt iets doen, maar tegen elke taak of verplichting kijkt u op als tegen een berg. U moet er niet aan denken dat u naast uw normale verplichtingen nog iets extra's zou moeten doen. Gezien uw grote weerzin tegen elke vorm van extra belasting, is het belangrijk dat u zorgvuldig te werk gaat. U kunt het beste via een groeimodel werken aan een goede lichamelijk conditie en meer plezier in bewegen.
Het doel is: angstreductie door weer lekker bezig te zijn met uw spieren.
Het gevolg is onder andere:
- U kunt de opgebouwde spanning ontladen.
- Meer conditie betekent meer bewegingsmogelijkheden, meer ruimte, meer vrijheid, meer afwisseling en daardoor minder angst.

Conditie-opbouw

Wat is 'fit-zijn' en hoe wordt men fit? Fit zijn is heel simpel dat er voldoende bloed in het lichaam wordt rondgepompt en daardoor voldoende zuurstof door de spieren wordt afgenomen. Dat bereikt u door activiteiten op het programma te zetten die inspanning vragen. Of u zich kunt inspannen en hoe lang, hangt af van uw conditie. Daarom is het gewenst aandacht te besteden aan conditie-opbouw.
Uw fysieke en mentale conditie is afhankelijk van twee factoren:
- een goede afwisseling tussen inspanning en ontspanning;
- een juiste opbouw en uitbouw van uw mogelijkheden.

Als u zich niet kunt ontspannen, kunt u zich ook niet inspannen. Als u zich niet kunt inspannen, kunt u zich ook niet goed ontspannen.
Als u te veel of te weinig, te lang of te kort bezig bent, groeit uw conditie niet. Dit hoofdstuk gaat over het opbouwen van lichamelijke kracht en

conditie. Een goede lichamelijke conditie, een gevoel van kracht en uithoudingsvermogen, zorgt ervoor dat de angst minder greep op u krijgt. Bij het opbouwen van conditie gaat het om een aantal vragen: Wat is op dit moment voor mij het meest geschikte activiteitenpatroon? Wat kan ik aan? Hoe vergroot ik mijn mogelijkheden, mijn fysieke belastbaarheid?

Optimaal bewegen

Angst is van invloed op uw houding en op uw manier van bewegen. Angst maakt de bewe-gingen minder soepel, minder harmonieus en minder vanzelfsprekend. Angst zorgt voor knikkende knieën en een min of meer in elkaar gedoken houding. Angst is er de oorzaak van dat meer spieren zich spannen dan strikt noodzakelijk is en daardoor wordt het bewegingspatroon onnatuurlijk, houterig en krampachtig. Het vermijden van angst door het achterwege laten van activiteiten of het opzoeken van angst met een krampachtige, gespannen houding, houdt de angst in stand en versterkt de angst.
U kunt dit in een rollenspel met bekenden uitproberen. Gaat u maar een kamer in en laat de anderen u gadeslaan. Zorg ervoor dat u bewust zoveel moglijk uw spieren extra verkrampt. Trek de spieren in uw nek en uw schouders maar samen en zet uw buikspieren vast. Let daarbij goed op wat u voelt in uw lichaam en merk maar hoe een gevoel van 'gevangen zitten' en van onbehagen bezit van u neemt. Merk wat er gebeurt als u vervolgens nog een keer deze oefening doet, maar dat u zich dan heel vrij en losjes beweegt. U richt zich vooral op de anderen, waarbij u zoveel mogelijk uw oprechte interesse aan de ander toont. Merk dat uw gevoelens dan ook veel losser en spontaner zijn en u daardoor gewoon meer uzelf kunt zijn. Vraag ook de reactie van de anderen: Hoe zij zich voelen bij deze verschillende manieren van binnenkomen.
De wijze waarop u beweegt en de soort lichaamsbeweging bepalen sterk de mate waarin activiteiten u moe maken. Sommige lichamelijke activiteiten, namelijk die tot de zogenaamde dagelijkse routine behorend, zoals slenteren, hangen, staan en vooral zitten, kunnen heel vermoeiend zijn. Wij leven in een soort zit-cultuur en zitten van 's morgens vroeg tot 's avonds laat. Goede lichaamsbeweging betekent een zo energiek mogelijk gedragspatroon. Energiek bewegen leidt tot een betere doorbloeding in het lichaam, waardoor de afvoer van afvalstoffen beter kan plaatsvinden

en waardoor ontkalking van de beenderen wordt tegengegaan. De meeste voldoening geven lichamelijke activiteiten, waarvan u inderdaad moet transpireren. Uit recent onderzoek blijkt dat het lichaam endorfine produceert bij inspanningen als hardlopen e.d. Endorfine is een morfineachtige stof, die de gevoelens en emoties direct beïnvloedt. Deze stof vervangt min of meer de angst door een gevoel van welbevinden. Hardlopen schijnt één van de beste therapieën te zijn bij depressies. Bewegen brengt zegen!

Het groeimodel

Een mens kan slecht tegen schoksgewijze veranderingen. Wanneer we na de winter in een zonnig land op vakantie gaan, dan is het zaak het lichaam langzaam te laten wennen aan de zon. Hoewel iedereen dit weet, blijkt toch telkens weer hoe moeilijk het is met deze wetmatigheid rekening te houden. Altijd weer zie je in badplaatsen mensen die hevig verbrand zijn. Hoe komt dit?

Ook hier is het zo dat men zich te veel verlaat op wat men voelt. Omdat de zon nog lekker en weldadig aanvoelt, heeft men het idee nog niet verbrand te zijn. Blijft men echter zolang in de zon, totdat men werkelijk konstateert dat er van verbranding sprake is, dan is men veel en veel te laat.

De juiste benadering is: Van tevoren met verstand en overleg de tijd vaststellen, waarop men in en waarop men uit de zon gaat. Het is zinvol daarbij aan de veilige kant te blijven.

Op die wijze is het mogelijk steeds langer en tenslotte de hele dag van de zon te genieten. Neemt men zich echter in het begin niet in acht, dan is het gevolg dat men enkele dagen of langer de zon als een ware plaag ervaart.

Als u een angstprobleem heeft, dan is het ook beter niet te veel op uw gevoel te koersen. Als u wacht voor u met een bewegingsprogramma start tot u daar zin in krijgt of er behoefte aan heeft, dan kunt u lang wachten. Het gaat erom te beginnen, los of u denkt eraan toe te zijn of niet. Vervolgens is het belangrijk rustig te beginnen. Angst is zeer vermoeiend en deze vermoeidheid dient u serieus te nemen. Immers, te veel activiteit leidt tot oververmoeidheid en uitputting en daardoor angst- en paniekaanvallen. U bent dan dankzij deze inspanning, dankzij uw lichamelijke activiteiten, een stuk verder van de oplossing.

U mag niet te veel doen en te lang bezig blijven, ook al voelt u zich nog 'goed'. Vaak blijkt anders de volgende dag of eerder dat u zich wel 'goed' voelde, maar dat u niet 'goed' was. Het blijkt achteraf vaak dat een bepaalde inspanning toch niet verantwoord was. U moet deze extra inspanning dan bezuren met een forse toename van de vermoeidheid en deze vermoeidheid ondergraaft uw mentale weerbaarheid.

Basisniveau

Het is voor u noodzakelijk dat u een soort uitgangsniveau bepaalt. Dat is uw basisniveau. Een basisniveau is de hoeveelheid inspanning, die u redelijkerwijze aan kunt, zonder dat u zich hoeft te forceren en zonder dat dit leidt tot extreme vermoeidheid. Dit betekent dat u leert inschatten welke last u aan kunt, wanneer u rekening houdt met uw belastbaarheid.

Als u tot prestatiewinst wilt komen, dan is het noodzakelijk dat u een programma opstelt, waarbij uw startpunt beneden uw basisniveau ligt. Vervolgens is het dan zaak op een heel geleidelijke manier te trachten dit basisniveau uit te breiden. Dit kan alleen via een goede registratie. Immers, de veranderingen moeten zo klein zijn dat ze subjectief nauwelijks waarneembaar zijn. Men kan dit vergelijken met het groeien van uw nagels of uw haar. Wanneer u elke dag in de spiegel kijkt om te zien of uw haar groeit, dan zult u dit niet kunnen waarnemen. Subjectief lijkt het of er van dag tot dag niets gebeurt. Pas over een periode van een maand is duidelijk dat inderdaad uw haar en uw nagels groeien.

Bij het opbouwen van uw belastbaarheid is het belangrijk piekbelasting te vermijden. Ook in de topsport weet men dat men niet te vroeg moet pieken en dat men prestaties alleen maar heel geleidelijk kan verbeteren. Een extreme prestatie op het ene moment betekent automatisch op het volgende moment een terugslag.
Ook kan men het zich in de topsport niet permitteren de trainingsopbouw een dag of en aantal dagen te verwaarlozen. Wanneer er bijvoorbeeld een rustdag in de Tour de France is, dan betekent dat in feite dat er toch een groot aantal kilometers worden weggetrapt. Wanneer de wielrenners dit niet zouden doen en de hele dag in bed zouden doorbrengen om goed uitgerust te zijn, wat zou dan het gevolg zijn? Ze zouden de volgende dag

hun souplesse kwijt zijn, ze zouden hun benen maar moeilijk rond kunnen krijgen en ze zouden het idee hebben dat er lood in hun benen zit. Wat gebeurt er met iemand met vermoeidheidsklachten, die het hele weekend in bed duikt om bij te komen? Precies hetzelde, hij is stijf en stram en heeft het gevoel lood in zijn benen te hebben.

De mislukking, de terugval

Maandag 25 januari.
Vandaag ging het zo ontzettend moeizaam op het werk, ik dacht echt dat ik gek werd. Dit gedoe sloopt me gewoon. Dit houdt geen mens vol. Ik heb steeds last van hyperventilatie. Ik ben echt bang en voel me onwerkelijk en ben bang dat ik wegval. Ik ben ook bang dat ik weer terugval. Ik loop steeds tegen huilen aan. Gisteravond had ik het ook al niet meer, omdat ik vandaag aan het werk moest. Ik vind de hele situatie ellendig en vooral omdat ik het na het werk helemaal niet los kan laten.... Ik ben vanmiddag nog bij personeelszaken geweest en nu is ineens alles zo'n beetje mogelijk. Maar goed, ondanks dat ik denk dat het nu allemaal wel goed zal komen, voel ik me depressief en even niet meer opgewassen tegen alles.

Wanneer u voor zichzelf een trainingsprogramma opstelt, dan is het noodzakelijk rekening te houden met een mogelijke terugval. Niet alleen fysieke factoren spelen daarbij een rol, maar vooral ook mentale factoren. Teleurstellingen, onrecht en verwachtingspatronen vragen heel veel energie. Bovendien zal uw lichaam in het begin in hevige mate protesteren tegen het opleggen van een nieuw regime.

Elke methode en elk plan kan alleen maar werken wanneer er geen alles-of-niets kwestie van wordt gemaakt. Het 'moeten' moet niet. Dat betekent: mild zijn voor je lichaam. Een mislukking of een terugval mag niet betekenen dat u nog fanatieker, nog krampachtiger gaat proberen uw niveau te halen. Een mislukking, een terugval is voor een succesvol iemand alleen maar aanleidig zich te bezinnen. Is de gekozen methode nog goed? Is het beter een stap terug te doen? Misschien is het het beste voorlopig even het huidige niveau aan te houden en te zorgen voor stabilisatie. Misschien was het basisniveau niet goed vastgesteld? Misschien waren de kleine stapjes toch te groot? Als de groei uitblijft, is de oplossing niet: harder gaan werken. De oplossing is dan via een andere methode, via een nieuw experiment opnieuw rustig te trachten groei te realiseren.

Via een juist wandel-, zwem-, fiets- of fitnessprogramma kunt u experimenteren. Wanneer, hoe vaak, hoe lang, met wie en waar? Bedenk dat hoe actiever u kunt zijn, hoe beter u zich ook mentaal voelt.

Een systematische en zeer geleidelijke vergroting van de activiteiten zal aanvankelijk uw vermoeidheid doen toenemen. Uiteindelijk zal uw vermoeidheid echter weer terugkeren op het oude niveau. Met eenzelfde vermoeidheidsgevoel is er dan meer mogelijk. Met minder inspanning bereikt u meer.

Het is goed het nog eens te herhalen: *Hoe actiever u kunt zijn, des te minder moe en ellendig u zich gaat voelen en hoe beter u met angst kunt omgaan.* Lichamelijke activiteit, fysieke inspanning is het beste tegengif voor zorgen. Gebruik je spieren wat meer en je hersenen wat minder. De meeste mensen worden niet gelukkiger als ze te veel tijd hebben om na te denken.

Minder denken, meer doen

Wanneer op bepaalde gebieden angst een rol speelt, dan heeft dat invloed op het gehele funktioneren. Veel therapieën richten zich op de angst en waar de angst het funktioneren beïnvloedt. Met andere woorden, wat kunt u niet en waar bent u bang voor. Een andere mogelijkheid is niet met uw angsten en uw gevoelens bezig zijn, maar meer met uw spieren. Uw lichaam in topconditie brengen. Hiervan gaat een positieve invloed uit. Immers, het oefenen stimuleert de ademhaling en de bloedsomloop en daardoor kunnen de afvalstoffen beter worden opgeruimd. Na lichamelijke inspanning kan bovendien het lichaam zich vollediger en beter ontspannen en daardoor kan er meer energie en meer weerstand worden opgebouwd.

Maak uw lichaam sterker en dit zal direct ook uw mentale conditie ten goede komen. Het voorkomt echter ook hart- en vaatziekten. Houd bij de onderstaande mogelijkheden rekening met het uitgangspunt dat u liever kort achter elkaar een activiteit doet en dan eventueel wat vaker, dan dat u erg uw best gaat doen zo veel en zo lang mogelijk te presteren.

Binnen

- **Knutselen.** Zagen, timmeren en verven vragen veel kracht en energie. Maar er is tastbaar resultaat.
- **Huis opknappen.** Kasten opruimen of opnieuw inrichten. Verven, behangen, vloerbedekking leggen, uw kamer anders inrichten. Veranderingen in uw leefomgeving kunnen onderstrepen dat u voor een nieuwe aanpak en voor een nieuwe levensstijl heeft gekozen. Het is daarom goed veel oude ballast weg te doen.
- **Fitness.** Geleidelijke conditie-opbouw is heel wel mogelijk via fitnessoefeningen onder goede begeleiding. U kunt heel systematisch vanuit een door u vastgesteld basisniveau uw conditie rustig uitbouwen. Hierbij kunt u precies registreren wat u doet met welke spieren en hoe lang.
- **Rek- en strekoefeningen.** Uw spieren op lengte brengen is een goede oefening. Systematisch de verschillende spiergroepen afwerken. Soms is het goed enige tijd therapie te volgen, zodat u weet welke warming-up-oefeningen vooral bij u passen.

Wanneer u thuis uw fysieke activiteiten, uw rek- en strekoefeningen doet, dan helpt het hierbij muziek aan te zetten. Zoek muziek die u stimuleert en richt u daarop. Het oefenen is dan prettiger en gemakkelijker vol te houden. Tevens helpt de muziek u uw gedachten in goede banen te leiden.

Binnen of buiten

- **Spelen met kinderen.** Kinderen zitten vol energie. Gewoon even gek doen, een spelletje, stoelendans, tikkertje, verstoppertje. Misschien kunt u andere ouders ontlasten of uw eigen kinderen wat gericht aandacht geven.
- **Tai Chi.** Een manier van bewegen, die gekenmerkt wordt door rust en harmonie. Tai Chi is een bekend verschijnsel vooral binnen de Chinese cultuur, maar steeds meer mensen in het westen ontdekken de heilzame werking, die van deze activiteit uitgaat.

Buiten

- **Wandelen.** De meest gezonde activiteit is wandelen. Vooral als u energiek loopt, de armen in 90 graden meebeweegt, dan werkt u heel verantwoord aan uw conditie. Door het zogenaamde krachtlopen traint u

alle belangrijke spiergroepen, schouders, armen, rug- en buikspieren, bil- en beenspieren. Stevig wandelen reduceert stress en kan 's avonds slaap- bevorderend werken.
Bij straatvrees is stevig wandelen op dezelfde plaats ook een goed begin. In dat geval is het ook prima een aantal keren extra per dag de trap op en af te lopen.

- **Tuinieren.** Werken in de buitenlucht vraagt ook veel energie. Hierbij komt dat u dan ook iets om handen heeft wat u afleidt. De buitenlucht, de zon, de aarde, de bloemen en de planten leveren allen tesaam een omgeving op waar groei mogelijk is. Mensen, die veel en hard in de buitenlucht werken, worden ouder dan mensen die veel binnen zitten. Meeleven met de seizoenen, de spanning van het voorjaar, de weelde van de zomer, de melancholie van de herfst, de voorbereiding op de winter, de winterpauze: Het geeft iets weer van het feit dat alles zijn tijd heeft, depressies en angsten komen en gaan. Na de winter, hoe koud en doods ook, volgt het voorjaar. Het wachten, het berusten, het vertrouwen dat het werk in de herfst gedaan, in het voorjaar en de zomer pas zijn vruchten afwerpt.
- **Fietsen.** Het voordeel van fietsen is dat u sneller ergens komt. Het meest interessant zijn kleine tochtjes samen met een vertrouwd persoon in een onbekende omgeving. Koop een fietsrek voor achter op de auto en trek erop uit. Vooral, omdat angst vaak omgeving gebonden is. Het uitstippelen van een route, het samen op weg gaan, vergroot het gevoel van vrijheid.
- **Joggen, zwemmen.** Afhankelijk van uw voorkeur en van uw conditie kunt u sportieve activiteiten op uw programma zetten. Het beste zijn die activiteiten die u samen met een ander kunt doen. Bij fitness kan iemand nog piekeren, bij tafeltennis is aandacht en concentratie op de ander vereist.

Eén Dag

Het leven bestaat uit telkens één dag.

Gerrit B. leed aan een ernstige vorm van Multiple Sclerose en dreigde aan zijn problemen ten onder te gaan. Hij maakte zich overdag vaak heel druk over alles wat er mis was gegaan in het verleden. De dokters die veel te lang hadden gezegd dat er niets aan de hand was; zijn baas en collega's, die hem hadden laten vallen en een familielid dat nota bene beweerd had dat hij zich maar wat aanstelde. 's Nachts lag hij wakker vanwege de zorgen en angst over zijn toekomst en natuurlijk liep hij overdag niet met die angst te koop. Omdat hij overdag zo druk was met gisteren en 's nachts met morgen, kon hij de zorgen van vandaag er niet bijhebben. Op een dag vroeg zijn vriend hem, hoe het zou zijn als hij één dag zijn klachten over zou nemen. Daarop legde Gerrit uit dat één dag M.S. geen probleem is. Als hij nog maar één dag M.S. zou hebben, dan zou hij die dag best goed kunnen doorbrengen, extra aardig zijn tegen zijn vrouw en kinderen, gewoon leuke dingen doen, naar het hertenkamp, eentjes voeren, vakantiefoto's kijken, een oude kennis opbellen. Hierop vroeg zijn vriend: Kun je niet proberen net te doen of je maar één dag hoeft?

Opbouw

Bij het opbouwen van kracht en conditie is het belangrijk dat u behoedzaam en volgens plan te werk gaat. Het gebruik van uw spieren leidt namelijk tot vermoeidheid, een gezonde vermoeidheid, maar toch weer extra vermoeidheid. Als u al last heeft van uitputtingsverschijn-selen, dan kan fanatiek oefenen u juist over de streep duwen.
Door het oefenen komt u helemaal in een uitputtingsfase. Het is dan ook een juiste tactiek, wanneer de oefeningen in het begin niet te lang en niet te intensief zijn en dat ze op een ontspannen manier worden gedaan. Het is namelijk de bedoeling dat u het leuk gaat vinden. Therapie werkt beter als u het prettig vindt.

Ga daarom niet te perfectionistisch te werk en maak er alstublieft geen dwangbuis van, geen angstreductieritueel. Hier volgen een aantal suggesties:

- Organiseer minimaal 3 x per week op een vaste tijd fitness/aerobic/callanatics of lichte sportieve activiteiten in uw dagprogramma.
- Kijk of u het samen met iemand anders kunt doen: uw partner, een familielid, een kennis of een vriend.
- Zorg voor prettig zittende en leuk ogende sportkleding. Dit is goed voor uw ego.
- Stel bescheiden doelen. Gewichtsverlies, toename van kracht/conditie. Wissel kracht en conditie af. Een krachtoefening is bijvoorbeeld het aantal keren dat u zich op kunt drukken (push-up), een conditie-oefening is

touwtje springen. Tel de push-ups en het aantal keren dat u springt. Doe de krachtoefening niet langer dan een halve minuut en de conditie-oefeningen niet langer dan een minuut. Neem tussen elke oefening een minuut pauze.

Samenvatting

Angst heeft meer kans bij vermoeidheid en uitputting. Alleen maar steeds meer rusten helpt niet bij chronische vermoeidheid en overspannenheid. Noodzakelijk is een goede afwisseling tussen ontspanning en inspanning. Een heel belangrijke richtlijn bij angstbestrijding is de stelling: Gebruik je spieren wat meer en je hersenen wat minder. Van veel denken en piekeren gaan meer mensen dood dan van werken en je spieren gebruiken. Als je lichamelijk sterker wordt, word je automatisch ook mentaal beter.
Het gevolg van angst is: een onnatuurlijk houdings- en bewegingspatroon, bewegingsarmoede en conditieverlies. Alles wat niet goed gebruikt wordt, gaat achteruit.

Conditie-opbouw verloopt volgens een groeimodel en volgens vaste principes.

Afbraak

- Zo veel en zo lang mogelijk presteren.
- Zorgen dat iets af komt, koste wat kost.
- Leven zoals een ander dat goed vindt.
- Ja zeggen, ook als u nee bedoelt.
- Wisselend te veel en te weinig doen.
- Angst negeren, d.w.z. veel medicijnen gebruiken.
- Op uw gevoel leven.
- Als iets niet lukt, doorzetten.

Opbouw

- Van tevoren bepalen: Hoe veel en hoe lang.
- Stoppen als het nog leuk is.
- Leven zoals u dat zelf juist vindt.
- Nee zeggen, als u nee bedoelt.
- Evenwichtig eenzelfde hoeveelheid activiteiten plannen.
- Rekening houden met de pijn, maar u er niet door laten bepalen.
- Volgens een mild schema leven.
- Als iets niet lukt, de aanpak wijzigen.

Ga niet op uw gevoel af. Gebruik uw verstand! Stel via tijdschrijven uw basisniveau vast. Begin onder uw basisniveau en verleg systematisch en volgens plan uw grenzen. Verwacht de terugval en raak er niet door in paniek. Maak het sterke, sterker.

Liever minder denken en meer doen. Voorbeelden:

Binnen	: Knutselen, huishoudelijke activiteiten, fitness, rek- en strekoefeningen.
Binnen/buiten	: Spelen met kinderen.
Buiten	: Wandelen, fitness, tuinieren.

Stap 2 Bewegen brengt zegen.

Vragen

1. Welk verband is er tussen uw lichamelijke conditie en uw angst?

2. Welke gevolgen heeft angst voor uw houdings- en bewegingspatroon?

3. Waarom is het bij chronische vermoeidheid ongewenst lang te rusten?

4. Waarom is "moeten" zo nadelig?

5. Welke twee factoren bepalen uw conditie?

6. Is er een verschil tussen: 'naar je gevoel luisteren' en 'op je gevoel afgaan'?

7. Hoe stelt u uw huidige conditieniveau vast?

8. Hoe kunt u uw conditie verbeteren en wat moet u doen als dit niet meer lukt?

9. Wat moet u doen bij een 'terugval'?

10. Welke activiteiten passen het beste bij u?

Huiswerkopdrachten

1. Gebruik een aantal dagen het tijdschrijfformulier.

2. Hoe is de verdeling inspanning - ontspanning?

3. Formuleer één of meer doelstellingen op het gebied van bewegen. Ga bij uzelf na met welke activiteiten u wilt starten en hoe u dat kunt organiseren.

Bewegingsplan

	maandag	dinsdag	woensdag	donderdag	vrijdag	zaterdag	zondag
lopen							
fietsen							
sport							

4. Leg vast van hoe laat tot hoe laat u aan uw conditie gaat werken.

5. Leg vast wat u in die tijd precies gaat doen: rek-/strekoefeningen, kracht-/conditietraining e.d..

6. Verzamel betrouwbare informatie.
   Hoe ver en hoe lang kunt u wandelen/fietsen zonder later onevenredig vermoeid te zijn? Neem de tijd op en schat de afstand.

7. Stel een wandel- en/of fietsschema op.
   U vertrekt van een vast startpunt. U wandelt zo ver u kunt, waarbij u rekening houdt met het feit dat u terug moet. Liever tweemaal een kortere afstand/tijd dan éénmaal te lang en te ver. Tel het aantal stappen en meet de tijd.

   Wandel zo energiek en veerkrachtig mogelijk en zorg voor een goede houding, waarbij uw gewicht gelijk is verdeeld.

8. Maak een plan, waarmee u piekbelasting kunt vermijden.
   Houd een probleemoplossend gesprek met werkgever, partner, kinderen en kennissen over uw taken en verplichtingen.

Tijdschrijven

Dagschema Voorbeeld

	liggen	zitten	staan/lopen	aktiviteit
08:00			x	toilet
08:30		x		ontbijt
09:00			x	huishouding
09:30			x	huishouding
10:00		x		koffie
10:30			x	huishouding
11:00	x			ontspanning
11:30			x	huishouding
12:00		x		lunch
12:30	x			rust
13:00	x			rust
13:30			x	lopen
14:00			x	huishouding
14:30		x		was opvouwen
15:00		x		thee
15:30			x	lopen
16:00	x			ontspanning
16:30			x	huishouding
17:00		x		huishouding
17:30		x		eten
18:00	x			ontspanning
18:30	x			ontspanning
19:00			x	huishouding
19:30		x		koffie
20:00			x	lopen

Tijdschrijven

Dagschema: Hoe wil ik het?

	liggen	zitten	staan/lopen	aktiviteit
08:00				
08:30				
09:00				
09:30				
10:00				
10:30				
11:00				
11:30				
12:00				
12:30				
13:00				
13:30				
14:00				
14:30				
15:00				
15:30				
16:00				
16:30				
17:00				
17:30				
18:00				
18:30				
19:00				
19:30				
20:00				

Tijdschrijven

Dagschema: Hoe is het gegaan?

	liggen	zitten	staan/lopen	aktiviteit
08:00				
08:30				
09:00				
09:30				
10:00				
10:30				
11:00				
11:30				
12:00				
12:30				
13:00				
13:30				
14:00				
14:30				
15:00				
15:30				
16:00				
16:30				
17:00				
17:30				
18:00				
18:30				
19:00				
19:30				
20:00				

Les 3 Ontspanning

Inleiding

Als gevolg van angst en onzekerheid is uw energieverbruik veel groter dan u op grond van wat u doet, zou verwachten. Ook al is er nauwelijks sprake van enig zichtbare, lichamelijke activiteit, ook al lijken de door u geleverde prestaties maar weinig voor te stellen, toch kunnen ook 'minimale' prestaties een maximale inspanning eisen. Bij chronische angst is het energie-verbruik relatief groot en de aanmaak van energie gering. Vandaar dat u een grote behoefte heeft aan rust, maar helaas kunt u die rust maar moeilijk vinden. Er zit een grote mate van ongedurigheid en rusteloosheid in uzelf en die neemt u overal mee naar toe.

Energie laat zich vergelijken met kapitaal. Wanneer uw uitgaven hoger zijn dan uw inkomsten, dan gaat u vroeg of laat bankroet. U wordt failliet verklaard. Wanneer het energieverbruik van uw lichaam groter is dan de aanmaak van energie, dan volgt er vroeg of laat een crisis, u stort in, u bent 'overspannen', opgebrand, lichamelijk en geestelijk bankroet. Als u meer weet over de energiehuishouding in uw lichaam, dan zal het u duidelijk zijn hoe dit komt en hoe u kunt voorkomen dat u failliet gaat of blijft.

De energiehuishouding

Wanneer u een auto koopt, dan bent u, zeker in de huidige tijd, geïnteresseerd in het brandstofverbruik. Verantwoord omgaan met energie is zowel goed voor het milieu, als ook voor de portemonnee. U beschikt over een zeer gecompliceerde machine, uw lichaam. Wil deze machine alle dagelijkse opdrachten kunnen behartigen, dan is daarvoor energie nodig. Wat benzine is voor een auto, dat is Adenosine Trifosfaat voor het lichaam.

Het lichaam beschikt over een eigen aanmaaksysteem voor brandstof, d.w.z. voor Adenosine Trifosfaat (ATP). Men kan dit vergelijken met de accu van een auto. ATP wordt gemaakt in heel kleine energiecentrales

(mitochondriën) in de cellen. Deze mitochondriën hebben een klein beetje energie nodig om te kunnen werken. Elke energiecentrale verbruikt ook zelf energie. Net zoals er benzine nodig is om de automotor te kunnen laten draaien, die zorgt dat de accu oplaadt. Wanneer u te moe en te uitgeput bent, dan is er zelfs geen energie meer om energie te maken. U heeft geen energie meer om de mitochondriën te laten werken. U wordt moe wakker, terwijl u de dag nog moet beginnen. U bevindt zich dan in een uiterst gevaarlijke situatie.
Het is belangrijk, dat u uw grenzen leert kennen en respecteren. U doet er goed aan te rusten, voordat u helemaal uitgeput bent. Als u te uitgeput bent, dan helpt rusten niet meer. U heeft namelijk een beetje reserve brandstof nodig om energie te kunnen aanmaken.

Verder moet u weten dat ATP, deze voor het lichaam onontbeerlijke brandstof, alleen wordt aangemaakt wanneer het lichaam ontspannen is. Wanneer het lichaam gespannen is, wanneer u voortdurend angstig bent, dan wordt er alleen brandstof verbruikt.
Het is daarom van levensbelang te weten, wanneer we gespannen en wanneer we ontspannen zijn. Dat is moeilijker dan u denkt. Heel vaak weten we niet precies wat er in feite in ons lichaam gebeurt. Mensen die lang gespannen zijn, voelen deze spanning niet meer.

Spanning is spierspanning. Om te weten wat spanning betekent, wil ik u vragen de rechtervuist te ballen. Bal de rechter vuist. Knijp hem dicht. Vaster...nog vaster...nog vaster.
Houd hem vast! Dit is spanning. Wanneer u dit lang genoeg volhoudt, zult u pijn krijgen en deze pijn neemt toe naarmate u langer u vuist gespannen houdt.
Ontspan uw vuist. Leg hem losjes neer. Helemaal slap. Bij sommige mensen zal nu de rechterhand warm aanvoelen, bij anderen tintelen. Dit is ontspanning.

Spanning betekent dat we onze 1030 spieren (bijna de helft van ons lichaamsgewicht) onder druk zetten. Dat gebeurt wanneer we agressief of angstig zijn. Het lichaam komt hierdoor in staat van alarm. Het maakt zich klaar te vechten of te vluchten. De ademhaling en de hartslag gaan sneller om het lichaam in staat van paraatheid te brengen. De maag weigert voedsel, de darmen komen onder druk te staan. Deze situatie kan en mag niet te lang duren. Er wordt brandstof verbruikt. Er wordt geen nieuwe brandstof aangemaakt. Vroeg of laat is het gevolg: Neuro-musculaire uitputting met een verhoogd risico voor hart- en vaatziekten, hoofd-, nek-, en rugpijnen, maag- en darmklachten en tenslotte allerlei infectieziekten, omdat het hele immuunsysteem wordt ondermijnd. De weerstand is weg.

Hoe verwoestend de uitwerking van voortdurende spanning en angst op den duur is, toonde William F. Enos aan door autopsie te verrichten bij 300 gesneuvelde soldaten in de Korea-oorlog. De gemiddelde leeftijd was begin 20 jaar, 77% had last van hart- en vaatziekten. In veel gevallen vroegen de onderzoekers zich verbaasd af hoe sommigen van deze jongens überhaupt hadden kunnen vechten.

Spierverslappers
Wij denken dat we automatisch gezond zijn wanneer we hard werken, gezond eten en voldoende frisse lucht krijgen. Dat is niet waar! Er moet in ons leven een evenwicht zijn tussen spanning en ontspanning. Helaas is in de westerse wereld de balans verstoord in de richting van een teveel aan spanning.
Wanneer we weten dat we ontspanning nodig hebben, dan is het noodzakelijk te weten wat ontspanning is en hoe we de juiste ontspanning kunnen bewerkstelligen. Wij denken dat voldoende rust, sport en vakanties automatisch zorgen voor ontspanning. Dat is niet waar!
Ontspannen betekent dat we onze 1030 spieren slapper maken. Dat kan op verschillende manieren.

Drugs/medicatie
Alcohol, valium en librium maken de spieren slap. Het gevolg is dat onze angsten en zorgen verdwijnen. We voelen ons onverschilliger en zekerder van onszelf. Deze spierverslappende middelen hebben als nadeel dat we er steeds meer van moeten nemen om eenzelfde effect te bewerkstelligen (tolerantie). Soms vinden mensen het daardoor weleens moeilijk geneesmiddelen te gebruiken. Ze zijn bang voor afhankelijkheid en verslaving. Wanneer u alleen medicatie gebruikt en verder niets, dan is dit ook onjuist. Het kan echter heel goed zijn tijdens de therapie te beschikken over voldoende medicatie en pas af te bouwen, wanneer er meer rust en zekerheid

in uw leven is. Het hebben van medicatie kan op zich al kalmerend werken (placebo).

Ontspanningsoefeningen

Onze skeletspieren kunnen we op commando aanspannen en ontspannen. Wij hebben dat gedaan met onze vuist. Door zeer systematisch de willekeurige, dwars gestreepte spieren aan te spannen en vervolgens te ontspannen, ontspannen ook de niet-willekeurige spieren zich.

Dit zijn de zogenaamde gladde spieren, die normaal niet onder invloed van de wil staan. Dit zijn de spieren van de inwendige organen (maagdarmkanaal e.d.).
Het beste ontspant een spier zich, wanneer deze eerst bewust aangespannen is. Voor het lichaam is deze afwisseling van spanning en ontspanning aangenaam. Wanneer u wilt uitslapen en meer uitgerust wilt zijn dan op andere dagen, dan doet u er goed aan zich eens heerlijk uit te rekken, wanneer u wakker wordt, om vervolgens nog enige tijd ontspannen verder te doezelen. (Wanneer u een ontspanningsoefening in bed doet, zorg dan voor een kussen in de knieholten, zodat uw onderbenen iets hoger liggen dan de rest van uw lichaam.)

Vaak zijn wij zo van ons lichaam vervreemd dat wij zelfs het verschil tussen gespannen en ontspannen zijn niet meer voelen. Het systematisch aanspannen en ontspannen van spieren kan ons het juiste lichaamsgevoel weer teruggeven.

De volgende oefeningen kunt u in het begin het beste doen met uw partner of u kunt de verschillende opdrachten op een cassette zetten en deze vervolgens afspelen. Na enige tijd kent u de opdrachten van buiten en kunt u ze alleen en zonder hulpmiddelen uitvoeren.

Vuisten maken...even vasthouden...loslaten.

Ellebogen in de matras drukken...even vasthouden...loslaten.

Schouders optrekken...even vasthouden...loslaten.

Hoofd in het kussen drukken...even vasthouden...loslaten.

Wenkbrauwen fronsen...even vasthouden...loslaten.

Tong tegen gehemelte drukken...even vasthouden...loslaten.

Kaken op elkaar klemmen...even vasthouden...loslaten.

Lippen op elkaar persen...even vasthouden...loslaten.

Voeten van u afduwen...even vasthouden...loslaten.

Voeten optrekken naar u toe...even vasthouden...loslaten.

Knieën in het kussen drukken...even vasthouden...loslaten.

Bilspieren spannen...even vasthouden...loslaten.

Buik intrekken...even vasthouden...loslaten.

Buik bol maken..even vasthouden...loslaten.

U spant dus zo bewust zoveel mogelijk van uw hoofd tot uw voeten allerlei spieren.

Vervolgens laat u deze spanning even goed op u inwerken en daarna ontspant u de spieren weer.

Ontspannen ademen

Wanneer u gespannen bent, is uw ademhaling sneller, minder diep en soms onregelmatig. Door uw ademhaling bewust harmonisch te laten verlopen en ervoor te zorgen dat deze ruim en in een rustig tempo plaatsvindt, voorziet u op twee manieren in de energiebehoefte van het lichaam. Op de eerste plaats vindt door een meer volledige ademhaling een betere verwijdering van koolzuur uit het bloed plaats. Vervolgens kan het bloed rijkelijk voorzien worden van energie gevende zuurstof. Dankzij deze zuurstof kan er verbranding in het lichaam plaatsvinden.

Op de tweede plaats zorgt een goede ademhaling voor een weldadige massage van de onderlijforganen. Ademhaling hoort namelijk via de buik plaats te vinden en in een rustig ritme. Mede hierdoor ontspannen deze organen zich en kan er ATP aangemaakt worden. Wanneer u zich wilt ontspannen, haalt u dan zo bewust en zo ruim mogelijk adem. Leg uw hand op uw buik, zodat u ook kunt voelen dat het ritme gelijkmatig en harmonisch is.
Spanning leidt tot een gebrekkige, onrustige ademhaling. Dat gebeurt onbewust. Wanneer u heel bewust uw ademhaling zo volledig en harmonisch mogelijk laat plaatsvinden, dan leidt dat automatisch tot ontspanning. Het is niet voor niets dat mensen, wanneer zij in spanning hebben gezeten, soms een zucht van verlichting slaken als de spanning voorbij is. U kent wellicht de uitdrukking: Een zucht verlicht een hart vol smart. Bij te veel mensen komt die zucht van verlichting niet, omdat allerlei onlustgevoelens voortdurend spanning geven.

Oefen daarom regelmatig met uw ademhaling. Bijvoorbeeld: U ligt met uw armen langs uw lichaam op bed. Telkens wanneer u langzaam en diep inademt, brengt u uw armen omhoog, om vervolgens wanneer u uitademt de armen weer langs uw lichaam te leggen.

Een goede oefening is: 4 tellen inademen, 2 tellen de adem vasthouden, vervolgens 4 tellen uitademen en tenslotte weer 2 tellen wachten alvorens u weer inademt.

Doe dit 4 á 5 keer achter elkaar. Hierdoor maakt u gebruik van de volle longcapaciteit; wordt uw lichaam rijkelijk voorzien van energie gevende zuurstof en wordt het bloed gereinigd van verbrandingsresten (koolzuur).

Dezelfde oefening kunt u natuurlijk ook zittend en lopend doen. Vooral frisse buitenlucht levert hierbij een extra voordeel op, omdat buitenlucht rijker is aan zuurstof.

Door het omhoog brengen van de armen maakt u uw borstkas wijder. Eerst haalt u via de buik adem binnen en vervolgens zorgt u ervoor dat ook uw borstkas zich volledig vult met lucht.

Veilige omgeving

Een open haard, zachte achtergrondmuziek, een goed glas wijn en een gemakkelijke stoel of divan kunnen de veiligheid bevorderen en zodoende ontspanning bewerkstelligen. Schep sfeer, doe romantisch. Zoek het gezelschap van mensen, waarbij u uzelf kunt zijn.

Maandag 11 januari. Gisteravond kwam mijn moeder nog langs, omdat ik gebeld had. Gewoon omdat ik daar behoefte aan had. Lekker tegen haar aanleunen en wat kletsen. Dat deed me goed. Ik heb vannacht ook wel redelijk geslapen en was helemaal niet gespannen totdat ik op mijn werk kwam.

Visualiseren

Met behulp van concentratieoefeningen kunt u uw aandacht bewust richten op aangename, vredige taferelen. Men noemt dit visualiseren. Het is een gave die iedereen heeft, maar die vaak onvoldoende tot ontwikkeling is gebracht. Het kan heel ontspannend zijn, als u uzelf kunt zien op plaatsen waar het goed toeven is:

In de koele avondschemering, zittend aan de rand van een meertje. Kijkend hoe het water het schijnsel van de maan weerspiegelt;

Op een mooie herfstdag wandelend in een bos, waar u de wind door de hoge bomen hoort ruisen, terwijl u voelt hoe uw voeten een beetje wegzinkend in de goudgele bladeren en in het zachte mos;

Zomers aan zee, liggend aan het strand, terwijl je luistert naar de golfslag en geniet van de vrijheid en de ruimte om je heen. Rustig kijkend naar de tinten blauw-grijs van de zee en het heldere blauw van de lucht.

Dergelijke ontspannende beelden kunnen van invloed zijn op uw spierspanning. Aangename taferelen roepen een gevoel van veiligheid op, hetgeen natuurlijk niet samen kan gaan met angst en onzekerheid.

Eenzelfde gevoel van ontspanning kunt u bereiken met een kunst, die in het westen grotendeels verloren is gegaan, nl. het mediteren.

Meditatie

Wie op de televisie Boeddhistische monniken ziet mediteren, denkt daarbij meestal niets speciaals, hooguit: leuke folklore, interessant sfeertje, typisch oosters. In onze snelle, technocratische maatschappij is mediteren voor de meeste mensen een volledig wereldvreemd gebeuren, pure tijdverspilling. De laatste tijd wordt echter de waarde van mediteren herontdekt. Het is niet zo dat kloosterordes weer volop aanmeldingen krijgen, maar een beetje moderne training kent vormen van meditatie als bron van rust en creativiteit. Als bedrijven dit interessant gaan vinden, zal het ook wel een beetje nuttig zijn. Wat is meditatie en wat levert het op?

Meditatie is wat anders dan dagdromen. Dagdromen is vrijblijvend, doelloos en eigenlijk vaak zinloos. Het is met je hoofd in de wolken lopen en min of meer een vorm van mentale luiheid. Het is vaag en niet motiverend en stimulerend. Meditatie is doelgericht, vraagt mentale discipline en is specifiek. De juiste meditatie is een voortdurende, diepe en zinvolle bezinning gericht op één betekenisvol thema. Voor religieuze mensen is dit God en ze vinden op die manier vaak troost voor hun ellende en berusting in hun lot. Wanneer u uw concentratie-vermogen kunt vergroten en uzelf daarin traint, dan kan meditatie betekenisvol en uitermate rustgevend zijn.
U bouwt namelijk spanning op door chaotisch denken, door met allerlei zaken tegelijk bezig te zijn en dit leidt meestal tot steeds meer angst en onzekerheid. Wanneer u vaak zorgelijk en angstig denkt, dan leidt dat automatisch tot een piekergewoonte, die heel moeilijk te doorbreken is. Meditatie voorkomt en bestrijdt piekeren.

Het is duidelijk: minder piekeren bespaart heel veel energie. Meditatie voorkomt niet alleen energieverlies, het levert ook energie op. Het is stimulerend en motiverend als u steeds duidelijker zicht krijgt op wie u bent, wat u wilt, wie u wilt zijn en welke de zin en de inhoud is die u aan uw leven wilt geven.

Welke richtlijnen gelden bij meditatie?

a. Isoleer het onderwerp waarover u wilt mediteren: relaties, werk, waarden, doelen. Baken het af.
b. Stel uzelf een aantal gerichte vragen, bijvoorbeeld bij waarden: Wat is voor mij het allerbelangrijkste? Waarom? Op welke manier en waar komt dit tot uiting? Hoe geef ik deze waarde meer plaats in mijn leven?
c. Blijf bij één onderwerp en keer daar rustig naar terug wanneer u afdwaalt (dit gebeurt in het begin veelvuldig).

d. Gebruik boeken of schrijvers die u kunnen inspireren. Betrek wat zij schrijven bij het mediteren.
e. Maak na afloop een kort verslag van uw meditatie. Schrijven is een prima aanvulling op meditatie.

Er was eens een man, die dankzij veel opoffering, doorzettingsvermogen en strijd langzaam maar zeker de ladder van succes had beklommen en uiteindelijk de top had bereikt. Toen hij eindelijk bovenaan was gekomen, merkte hij tot zijn ontzetting dat de ladder tegen de verkeerde muur stond. Helaas voor hem was hij steeds zo druk met het beklimmen van de ladder bezig geweest dat hij zich niet de tijd gunde diep en grondig na te denken over een enkel onderwerp. Waarom doe ik dit en waarom wil ik dit? Een klein beetje meditatie had zijn leven eenvoudiger, gelukkiger en meer zinvol kunnen maken.

Als u van uw angst af wilt, dan is het beter dat u **niet** steeds bezig bent met wat u niet wilt. Dat wil zeggen: niet steeds bezig zijn met het feit dat u niet angstig wilt zijn. U kunt beter nagaan wat u wel wilt en daar al uw energie aan geven. Meditatie is daarbij een krachtig instrument. Leer uzelf te zien als krachtig en competent. Roep een beeld van uzelf op als een heel ontspannen, vriendelijk en evenwichtig persoon.

Alleen via systematische ontspanningsoefeningen, rustgevende gedachten en het creëren van sfeer, kunnen zowel de willekeurige als de onwillekeurige spieren ontspannen.
Wanneer we geen tijd hebben voor deze ontspanning, dan zullen we snel opgebrand en uitgeblust zijn. Wij kunnen ons niet permitteren lang aan het front te zijn, oftewel te veel van onszelf te eisen.

Wanneer u hoort: ‘Kalm aan, take it easy, maak je niet dik, de boog kan niet altijd gespannen zijn’, neem dat dan serieus. Neem de tijd voor ontspanning en als u wordt gestoord, wanneer u net ligt te dommelen op de bank, zeg dan: ‘Ik heb nu geen tijd. Ik stop een tijger in mijn tank!’

Ontspanningsvoorbeelden
Ontspannend is alles waar u min of meer passief van kunt genieten. Angst

veroorzaakt rusteloosheid en ongedurigheid, waardoor echt genieten onmogelijk wordt. Hoe kunt u deze ongedurigheid omzetten in rust en ontspanning?
Hoe gek het ook klinkt, ontspanning is vaak moeilijker te realiseren, als u het heel belangrijk vindt en u heel hard uw best gaat doen om ontspanning te vinden. Ontspanning laat zich namelijk niet afdwingen. De goede en waardevolle zaken in het leven kunt u niet met druk en geweld realiseren. U kunt een ander niet dwingen te genieten van voedsel, van nachtrust, van seks. U kunt hooguit de omstandigheden proberen te scheppen, waardoor de kans dat de ander geniet van voedsel, van nachtrust en van intimiteit, groter wordt.
U kunt voor uzelf beginnen met tijd en gelegenheid te scheppen voor ontspanning. Een aantal voorbeelden ter verduidelijking.

Sfeer en gezelligheid
Neem 's avonds om ongeveer acht uur een heet bad of douche en doe vervolgens alvast nachtkleding aan. Nestel u in een luie stoel en zet uw favoriete muziek aan. Concentreer u op de muziek en tracht de meest prettige herinneringen op te roepen of mediteer over de goede dingen van het leven.

Ontspannende lectuur
Lees lichte en ontspannende lectuur; als u ervan houdt een gedicht, een verhaaltje van Carmiggelt, een gedeelte uit de bijbel en dergelijke.

Genieten van spijs en drank
Kijk of u van een maaltijd meer kunt maken dan alleen het naar binnen werken van voedsel. Besteed aandacht aan een licht ontbijt met vers vruchtensap. Probeer één keer in de week van de avondmaaltijd iets speciaals te maken, dek de tafel extra sfeervol en eet wat rustiger en langer. Drink 's avonds een goed glas wijn. Van een maaltijd genieten in een ontspannen sfeer komt ook de spijsvertering ten goede.

Frisse buitenlucht
Zorg ervoor dat u minimaal drie maal op een dag naar buiten gaat. Pomp vervolgens uw longen vol met frisse lucht. Geniet daarvan.

Lichamelijk contact
Warm en lichamelijke contact kan een ontspannende invloed hebben. Koude, afstandelijke mensen zijn vaak gespannen. Tedere aanrakingen, strelingen, overgave aan de ander door u veilig bij elkaar te nestelen; dit alles brengt automatisch gevoelens van veiligheid en ontspanning teweeg. Ontspannend is het wanneer twee mensen open en eerlijk elkaar in vertrouwen duidelijk proberen te maken (soms met woorden, soms zonder woorden) wat zij prettig en onprettig vinden. Het vertrouwen in elkaar neemt toe, wanneer er respect is voor elkaars normen en waarden, er geen sprake is van valse schaamte of taboes, maar een open communicatie duidelijkheid en begrip bewerkstelligt.
Ontspannend is een situatie waarin u niet hoeft te presteren, waarin u niet aan een bepaald verwachtingspatroon hoeft te voldoen, waarin u uzelf kunt zijn, waarbij u kunt genieten van het aanraken en het aangeraakt worden, waarbij het genot van de ander uw eigen genot vergroot, waarbij u niet kunt falen, waarbij u niets moet, waarbij alles kan wat u beiden prettig en juist vindt.
Wanneer u (weer) van lichamelijk contact, van tederheid kunt genieten en bevrediging kunt vinden, dan is dit niet alleen uiterst ontspannend, maar het bevordert bovendien de nachtrust beter dan welk slaapmiddel dan ook.

Voorbeelden
Innerlijke onrust en spanning kan het best bestreden worden door meer ontspanning gevende aktiviteiten op te zoeken en aan te leren.
Ontspannende bezigheden kunnen zijn (of worden): een warm bad of warme douche, uitslapen, in de zon liggen, massage, vissen, op een terras zitten, van de natuur genieten, sfeermuziek beluisteren, een sauna, een diner met kaarslicht, een goed gesprek, lichamelijk contact, ontspanningsoefeningen, enzovoorts.

Voorwaarden scheppen
Ontspanning kunt u net als slaap niet afdwingen. Het moet u als het ware overkomen. Wel kunt u de omstandigheden scheppen, waarmee de kans dat de ontspanning bezit van u neemt, groter wordt. U moet dus niet iets doen, maar iets nalaten. Wanneer u probeert een goede prestatie te leveren op ontspanningsgebied, dan heeft u niet de goede houding. U moet

geen eisen stellen, u moet niet actief zijn en u moet gedachten als: 'Dat lukt mij niet, daar ben ik geen type voor', uitbannen. Iedereen kan zich ontspannen, mits hij daar maar tijd en gelegenheid voor vindt en de juiste methode kiest.

Als u zich bewust bent van het feit hoe belangrijk ontspanning is als energiebron, dan kunt u daar apart tijd voor vrijmaken. Doe uw ontspanningsoefeningen op vaste tijden, twee à drie keer per dag, minimaal een kwartier. Bijvoorbeeld voor het opstaan en het naar bed gaan of een kwartier tot een half uur tussen de middag.

Ontspan u bij voorkeur op een vaste plaats.

Ideaal is een rustige ruimte met gedempt licht. U hoeft niet per se naar bed te gaan. Een goede stoel is prima. Veel mensen kunnen zich ook goed ontspannen in de auto.

's Morgens en 's avonds kunt u uw ontspanningsoefeningen het beste in de slaapkamer doen.

Een wisselwerking tussen inspanning en ontspanning

Als u zich in allerlei situaties steeds beter kunt ontspannen, dan komt dat ook uw concen- tratievermogen ten goede. Een betere concentratie werkt weer positief door op aktiviteiten die inspannend zijn, omdat u daardoor minder fouten maakt en creatiever en vindingrijker bent. Concentratie heeft ook een gunstige invloed op aktiviteiten die afleiding brengen; u geniet daardoor meer van hetgeen waar u mee bezig bent. Op deze wijze kan de noodzakelijke balans en goede wisselwerking tussen ontspanning en inspanning terugkomen. Een betere ontspanning moet leiden tot een positievere manier van inspannen. Een betere manier van inspannen kan tot een meer optimale ontspanning leiden.

Daarvoor is het gewenst dat u voor de volle honderd procent met iets bezig bent. Te vaak is er twijfel en onzekerheid. Dan heeft u, wanneer u zich inspant, het vage gevoel dat u eigenlijk zou moeten rusten. Wanneer u aan het rusten bent, vindt u dat u eigenlijk moet werken. Op die manier wordt u voortdurend heen en weer geslingerd en dit is uiterst vermoeiend.

Wanneer u wandelen (kort en krachtig) een prettige afleiding vindt, dan kan dit wandelen vervolgens een gunstige invloed hebben op de ontspanning daarna. Hoe meer u zich echter concentreert op het wandelen en de omgeving des te beter. Wandelen helpt niet echt wanneer u met allerlei sombere gedachten wat doelloos rondslentert. Houd er echter rekening mee dat u in het begin uw gedachten niet kunt stopzetten. Heb daarom een beetje geduld met uzelf.

Soms heeft u misschien het idee dat u al zo weinig doet en dat u daarom niet met goed fatsoen in het zonnetje kunt gaan zitten. U zit dan niet rustig en kunt niet van de zon genieten. Wat ontspannend zou moeten zijn, is daardoor inspannend. Deze schuldgevoelens verdwijnen langzaam maar zeker.

Als u systematisch bezig bent met ontspanning, dan legt u het fundament waarop u langzaam maar zeker kunt bouwen aan uw lichamelijke en geestelijke draagkracht. Uw belastbaarheid neemt toe, u kunt een steeds grotere inspanning leveren. Deze positieve inspanning zal leiden tot betere ontspanning.
Doordat u zich volledig óf met inspanning óf met ontspanning bezighoudt, zal de juiste wisselwerking tussen deze twee terugkomen, neemt de kracht en de weerstand toe, zult u zich fitter en energieker voelen en zal er een stuk rust en harmonie in uw leven terugkomen. Wanneer er rust en harmonie is, dan is er niet veel plaats meer voor onnodige angst en zorgen.

Samenvatting

Angst, zorgen en piekeren veroorzaken spanning. Het lichaam maakt zich klaar om te vechten of te vluchten. De spieren spannen zich. Spanning is spierspanning. Als de spieren gespannen zijn, verbruikt het lichaam energie. Wanneer de spieren ontspannen zijn, maakt het lichaam energie. Om energie te kunnen maken heeft het lichaam reserve-energie nodig. Als u uitgeput bent, is er geen energie meer om energie te maken. U wordt moe wakker.

Ontspanning door drugs
Alcohol, valium, librium en andere spierverslappers werken verslavend.

Ontspanning door
- ontspanningsoefeningen (spieren systematisch spannen en ontspannen)
- ontspannende gedachten, meditatie, visualisaties
- ruime, rustige ademhaling
- aangename sfeer in een veilige omgeving
- lichamelijk contact, tederheid.

Voorbeelden ontspanning (passief genieten)
- hete douche, bad, sauna
- sfeermuziek
- ontspannende lectuur
- kaarslicht
- rustige maaltijd
- massage
- goed gesprek, begrip
- de natuur op je in laten werken.

Gevolg
- meer energie
- meer weerstand

- uitgerust gevoel
- betere concentratie
- betere inspanning.

Doe uw ontspanningsoefeningen drie maal per dag op een vaste tijd en een vaste plaats.

Stap 3 Vul regelmatig uw accu.

Vragen

1. Wat is het verschil tussen afleiding (hobby's, visite, vakantie) en ontspanning?

2. Op welke manieren wordt spierspanning opgeroepen? Welke rol speelt angst hierbij?

3. Wat zijn de gevolgen van een teveel aan spierspanning op de lange termijn?

4. Noem verschillende manieren, waarmee de spieren slap gemaakt kunnen worden.

5. Noem bezigheden die voor u inspannend zijn, die ontspannend zijn en die u afleiding bezorgen.

6. Is niets doen voor u ontspannend?

7. Wat is de relatie tussen spanning en ademhaling?

8. Wat is hyperventilatie?

9. Wanneer lukken ontspanningsoefeningen beter: 's morgens of 's avonds?

10. Heeft u een goede afwisseling tussen inspanning, ontspanning en afleiding?

11. Wat is het verband tussen ontspanning en vertrouwen?

12. Waarom is een goed concentratievermogen belangrijk en hoe kan men zijn concentratie verbeteren?

13. Wat is het verschil tussen mediteren en dagdromen?

14. Waarover zou u het liefste mediteren?

15. Wanneer voelt u zich het meest ontspannen?

16. Zijn er dingen die u meer ontspannen zou kunnen doen?

Huiswerkopdrachten

1. Kies vaste tijden voor ontspanningsoefeningen. Maak hier een verslag van.

2. Doe één dagelijkse activiteit extra ontspannen en als het ware vertraagd. Breng hier verslag over uit.

3. Kies een maaltijd uit waarvoor u extra de tijd wilt nemen en waarvan u extra wilt genieten.

4. Kies een T.V.-loze avond en vul deze met rustige activiteiten.

5. Maak een dagindeling met daarin inspanning, ontspanning en afleiding.

Les 4 Vermoeidheid

Inleiding

Angst veroorzaakt een vermoeidheid die zich niet herstelt door inactiviteit en rusten. Wanneer u uitgerust bent en u zich fit voelt, dan heeft u het idee dat u de hele wereld aankunt. Voelt u zich daarentegen moe en uitgeput, dan is alles u te veel. Niet alleen kinderen, maar ook volwassenen zijn duidelijk meer kwetsbaar, wanneer zij moe zijn. Als u moe bent, ziet u enkel problemen; wanneer u uitgerust bent, dan ziet u oplossingen en uitdagingen. 's Morgens na een redelijke nachtrust zien uw problemen er heel anders uit dan de avond en de nacht ervoor. In de ochtend kunt u uw emoties beter onder controle houden, omdat u dan meestal nog enigszins energiek en fris bent. Een belangrijke vraag voor u is dan ook: Waar komt mijn vermoeidheid vandaan? Hoe voorkom ik, dat ik opbrand?
Er is een fysieke en een psychische vermoeidheid. Via een plan van aanpak kunt u zich tegen uzelf beschermen. U kunt uw eigen veiligheidssysteem ontwikkelen, waarmee u zuinig leert zijn op uzelf en waarmee u rustig uw lichamelijke en mentale conditie kunt opbouwen.

Achteruit vechten

Met hard werken en doorzetten worden vaak bijzondere resultaten bereikt. Dat geldt zolang uw lichaam gezond is en 'normaal' functioneert. Overbelasting geeft dan niet, aangezien het herstelvermogen van het lichaam zich daarbij kan aanpassen. Ieder organisme heeft echter zijn grenzen en dat geldt ook voor uw lichaam. Wat eerder juist was: tanden op elkaar en doorzetten, werkt dan averechts. Hoe harder u vecht, des te harder gaat u achteruit. Dit heet achteruit vechten: met steeds meer inzet wordt steeds minder bereikt.

Het schema op de volgende pagina kan dit verduidelijken:

Wanneer er nu sprake is van chronische angst en depressiviteit, dan kost dat energie en loopt de normale belastbaarheid terug.

Overbelasten mag niet meer, het staat herstel in de weg !!

U zou terug moeten van C naar B’. Omdat u dit een te grote stap terug vindt (u heeft nog zoveel verplichtingen, u kunt anderen niet zomaar in de steek laten, enz.) gaat u van C naar C’. Wat eerder geen kwaad kon bij een gezond lichaam, leidt nu tot verdere schade (toename van vermoeidheid, angst en/of pijn). De belastbaarheid neemt verder af.

U moet terug van C” naar B”, maar u vindt dat u al genoeg achteruit bent gegaan en u gaat noodgedwongen naar C”’ en u vindt dat dat eigenlijk al te gek is.

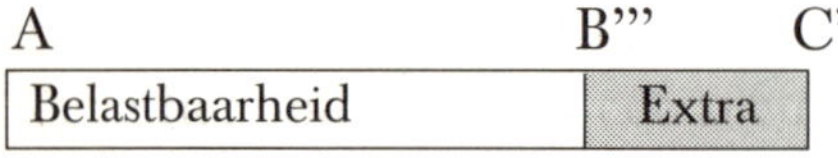

Tenslotte moet u van C”’ naar B””. U begrijpt wel dat dat niet kan. U heeft nu al zoveel ingeleverd; u wilt nu vasthouden wat u hebt, al moet u er dood bij neer vallen. Tenslotte functioneert u met veel kunst en vliegwerk op C’“‘.

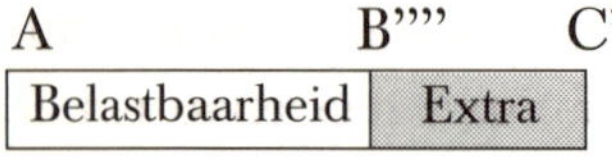

Hoewel u zelf vindt dat u enorm veranderd bent en practisch niets meer doet, is het feitelijk zo dat uw instelling eigenlijk helemaal niet veranderd is. U wilt meer doen dan u kunt. Dat is de kern. En hoe minder u kunt, hoe sterker het verlangen is meer te doen. Heel menselijk en heel begrijpelijk, maar het staat wel uw herstel in de weg. Toen u gezond was, gaf het niets dat u zich overbelastte. Nu wel!

Twee soorten vermoeidheid

Na langdurige lichamelijke activiteit doen zich vermoeidheidsverschijnselen voor. Met deze lichamelijke vermoeidheid bent u wel bekend. Daarnaast bestaat er nog een andere vermoeidheid. Deze treedt op bij eentonige en geestdodende bezigheden en ook als u moet wachten, als u zich verveelt of als u zich ergert. Dat is psychische vermoeidheid. Dat men als gevolg van psychische factoren dood- en doodmoe kan zijn, is nog onvoldoende bekend. Dit hoofdstuk geeft een aantal richtlijnen en principes waarmee u vermoeidheid te lijf kunt gaan. In feite gaat het erom het vermoeiende gevoel van voortdurend falen te verdrijven door succeservaringen.

Lichamelijke vermoeidheid

Angst verhoogt automatisch de spiertonus (spanning). De spieren spannen zich aan. Het lichaam is klaar om te vechten of te vluchten. Aangezien vechten of vluchten feitelijk meestal niet aan de orde is, is deze vecht-/vluchtreactie eigenlijk hetzelfde als bij autorijden tegelijk ‘gas geven en remmen’. Het is duidelijk dat zowel bij een auto, als bij het menselijk lichaam dit op den duur schade oplevert.

Het is belangrijk dat u over voldoende energie en reserves beschikt. In het vorige hoofdstuk heeft u kunnen lezen dat ontspanning daarbij een belangrijke rol speelt. Helaas kunt u zich vaak niet ontspannen, hoe graag u dat ook zoudt willen, omdat angst u erg ongedurig en rusteloos maakt. Een eerste stap is dan ervoor te zorgen dat u met uw energie zo efficiënt mogelijk omgaat. Een goede energieverdeling over de dag kan betekenen dat u ‘s avonds ook nog enigszins fit kunt zijn. Hoe komt het dat het moeilijk is binnen de eigen grenzen te blijven en deze te respekteren? Verschillende factoren spelen daarbij een rol.

Wanneer u zich wat beter voelt, dan bent u zo blij dat u daar ook direct zoveel en zolang mogelijk gebruik van wilt maken. Wanneer u niet zoveel kunt, dan schaamt u zich daarvoor. U vindt het niet normaal dat uw accu zo snel leeg is. Na een geringe inspanning heeft u een vrij lange periode van rust nodig om de door de inspanning veroorzaakte schade te herstellen. Dat is niet normaal en roept allerlei negatieve emoties op: schaamte, schuldgevoel, opstand en agressie.

Wat u gewend bent, is het onderstaande schema. Een flinke inspanning en vervolgens een korte periode van rust en herstel.

ENERGIEHUISHOUDING

Schema 1 **NORMALE BELASTBAARHEID**

Inspanning	Rust

Dit schema geeft zelfvertrouwen, voldoening en vertrouwen. Elke morgen staat u op en neemt zich voor het bovenstaande schema te realiseren. 's Avonds bent u helemaal stuk en merkt dat eigenlijk het onderstaande schema de realiteit is. Dit geeft een sterk faalgevoel.

ENERGIEHUISHOUDING

Schema 2 **ABNORMALE BELASTBAARHEID**

Inspanning	Rust

Als u gaat voor schema 1 en u komt telkens op schema 2 terecht, dan geeft dit frustratie, ergernis en angst. Het is belangrijk dat u uiteindelijk op schema 3 terecht komt.

Schema 3 **SALAMITECHNIEK**

Insp.	Rust	Insp.	Rust	Insp.	Rust

In schema 3 wordt de salamietechniek toegepast. Het is niet verstandig een salamiworst in één keer op te eten. U maag kan al dat vet en die kruiden niet verwerken. Bij vermoeidheids- klachten geldt hetzelfde bij het leveren van een inspanning. U stopt net als bij het eten van een salamiworst als u het nog lekker vindt. Het is dus zeer belangrijk op de juiste manier pauzes te kiezen.

Pauzes

In les twee is uitgelegd dat het lichaam, als de spieren ontspannen zijn, energie (ATP) aanmaakt. Als het lichaam te uitgeput is, dan is er geen energie meer om energie te maken. Het is duidelijk dat een energiecentrale niet alleen energie maakt, maar ook energie verbruikt. Dit geldt ook voor de kleine ergergiecentrales in de cellen. Daarom werken pauzes alleen wanneer u een aantal richtlijnen volgt.

Hoe vaak?

- Voor de energiebalans zijn pauzes zeer heilzaam. Vooral in de uitputtingsfase dienen er veelvuldig pauzes te worden ingelast. U kunt het beste van tevoren bepalen, hoe vaak u wilt gaan rusten en hoe lang. Laat niet door toeval of door de omstandigheden bepaald worden of u al dan niet pauzeert. Het overslaan van een pauze betekent vaak een drastisch verlies van produktiviteit later. Gebruik een pauze om uw accu op te laden.

Op welke manier?

- Met een pauze wordt niet bedoeld een gedwongen onderbreking van het werk, omdat u echt niet verder meer kunt. Een pauze is een moment van welverdiende rust. In een pauze kunt u iets doen wat voor u aantrekkelijk is. Voor de één is dat helemaal niets doen, voor een ander is dat lezen en voor een derde bijvoorbeeld wandelen.

Wanneer?

- De gewoonte te rusten vóór u moe bent, is geen luiheid. Het meest belangrijke is dat u niet pas rust, nadat u een bepaalde vermoeidheidsgrens bent gepasseerd. Rusten kunt u het beste op een vaste tijd of na een bepaalde hoeveelheid activiteiten. Dat is zo belangrijk dat het waard is het te herhalen: Laat rust volgen op een vaste hoeveelheid activiteiten en rust niet pas wanneer u een bepaalde vermoeidheidsgrens bent gepasseerd.

Slaap

Het vreemde is dat vermoeidheid t.g.v. angst en falen niet automatisch leidt tot een verkwikkende slaap. Dit komt veelal, omdat men fysiek te weinig doet en het lichaam dan ook niet echt aan rust toe is.

Uit hersenonderzoek blijkt dat er tijdens het slapen bij veel angst en zorgen te veel hersen- activiteit is. Het lichaam blijft dus min of meer in staat van alarm. Het slapen is onrustig. Er zijn inslaap- en doorslaapproblemen. De spanning kan ook de oorzaak zijn van allerlei nacht- merries.

Men probeert ook wel op een kunstmatige manier in slaap te komen.

Gebruik van slaappillen (barbituraten), maar ook van alcohol leidt echter meer tot een toestand waarin men 'buiten bewustzijn' is, dan dat het lichaam zich in een ontspannen toestand herstelt van de inspanningen van overdag. Bij het ontwaken is men dan ook niet echt uitgerust. Alcohol is verantwoordelijk voor 12% van de slaapproblemen.
Betere middelen om de slaap te bevorderen zijn: niet te lang televisie kijken, ontspannings- oefeningen, lichte fysieke inspanning zoals een avondwandeling, een hete douche of bad, warme melk, enz...........

Het beste doet u eraan een soort slaapritueel in acht te nemen. Dat betekent dat u voor het slapen gaan altijd een vast programma afwerkt, waarvan bovengenoemde activiteiten een onderdeel kunnen uitmaken. U kunt het beste op een vaste tijd naar bed gaan en op de normale tijd opstaan ook als u slecht geslapen heeft. Vroeg opstaan betekent dat u 's avonds eerder en gemakkelijker inslaapt.
Zeer belangrijk is ook dat u zich voorneemt niet naar bed te gaan om te slapen, maar om te rusten en om u te ontspannen. Slaap laat zich nl. niet afdwingen. Bovendien is ontspannen liggen veel beter dan krampachtig en onrustig slapen. Als u ontspannen in slaap valt, zult u zich veel uitgeruster voelen.

Eetgewoonten
Onlustgevoelens en negatieve emoties kunnen verschillend uitwerken op de mens. Bij de één verdwijnt de eetlust. Een brok in de keel, een steen op de maag, een snel gevoel van misselijkheid verhinderen dat u normaal kunt eten. U eet allang niet meer drie maal per dag en vooral het ontbijt schiet er vaak bij in. Het smaakt u allemaal niet meer en u moet u vaak dwingen te eten.
's Avonds bent u vaak te moe en heeft u ook geen zin meer. Toch geeft vooral een lichte maaltijd met veel fruit 's morgens veel energie. Die energie heeft u overdag nodig. Zet uzelf niet te veel onder druk, maar probeer regelmatig licht verteerbaar voedsel tot u te nemen.
Bij een ander neemt de eetlust als gevolg van onlustgevoelens sterk toe. Verveling speelt hierbij vaak een belangrijke rol. Gevaarlijk zijn vooral de zgn. zoete 'tussendoortjes'. Loze calorieën waar u alleen maar dik van wordt. Zorg voor een goed ontbijt, eet zo weinig mogelijk tussen de maaltijden en laat vooral de avondmaaltijd licht zijn. Als u minder wilt eten,

dan kunt u dat het beste 's avonds proberen te realiseren, omdat u 's nachts minder energie nodig heeft dan overdag.
Bij veel mensen neemt als gevolg van minder eten ook het spierweefsel af. Het gevolg is dat men minder energie verbruikt en steeds minder voedsel nodig heeft. Het weinige voedsel wordt dan ook nog eerder omgezet in vetweefsel. Daarom is het bij een vermageringsdieet belangrijk de spieren in conditie te houden. Als u weinig spierweefsel en dus minder spierkracht heeft, dan bent u eerder moe.

Psychische vermoeidheid

Wanneer activiteiten interessant en afwisselend zijn, dan zijn ze lang vol te houden. Gokkers kunnen uren achter elkaar aan een zgn. éénarmige bandiet staan, zonder zich maar één moment te vervelen. Zij moeten zichzelf als het ware ontworstelen aan het apparaat. Eenzelfde bezigheid met een strikt voorspelbare uitkomst zou dodelijk vervelend en dus vermoeiend zijn. Zo kan een scholier urenlang ingespannen denkarbeid verrichten met schaken als dat zijn hobby is. Is hij echter bezig met zijn huiswerk, hetgeen hij niet leuk vindt, dan wordt hij al na vijftien minuten studie door slaap en vermoeidheid overvallen. Het denken kost blijkbaar geen energie, maar iets anders. Niet alleen bepaalde activiteiten zijn vermoeiend. Personen kunnen ook vermoeiend zijn. Er zijn mensen naar wie wij uren kunnen luisteren, maar er zijn ook personen, die wij na een kwartier reeds moe zijn.

Een belangrijke en veel te onbekende oorzaak van vermoeidheid is: gebrek aan succes. Niets is zo uitputtend en slopend als voortdurend het gevoel hebben te falen of tekort te schieten. Vooral bij mensen met chronische angst komt deze vermoeidheid veel voor. Zij vinden dat hun functioneren nog maar weinig voorstelt. Er is een groot verschil tussen wat ze willen en wat ze kunnen. Er is meer ergernis dan voldoening.

Men kan tot op hoge leeftijd presteren, zoals blijkt uit het leven van verschillende politici. Churchill, Adenauer en De Gaulle waren uiterst vitaal, zolang ze aan de macht en succesvol waren.

Te snel wordt vermoeidheid gekoppeld aan de hoeveelheid werk. Dat is echter onjuist. Belangrijker dan de kwantiteit is de kwaliteit van hetgeen men doet. Succes hebben geeft energie en falen kost energie. Chronische vermoeidheid heeft als kenmerk dat men al moe is, voordat men met werken begint. Men staat op met de gedachte: 'Ik wou dat het maar avond was' en men ligt in bed met de gedachte: 'Ik wou dat het maar weer morgen was'. Er is sprake van beginmoeheid. Men ziet steeds meer op tegen werk en verplichtingen. Omdat de activiteiten weinig of geen voldoening geven, wordt men geneigd alles daarom maar zo lang mogelijk uit te stellen. Er zijn te weinig succeservaringen, die voor energie kunnen zorgen.

Het is duidelijk dat rust bij psychische vermoeidheid de oplossing niet brengt. Wanneer het u op het werk tegen heeft gezeten, er bijvoorbeeld vertraging optrad, dingen niet lukten en er kritiek was, dan komt u doodmoe thuis. Passief op de bank gaan liggen, zal uw vermoeidheid alleen maar doen toenemen. Een stimulerende afleiding kan deze vermoeidheid wel doen verdwijnen.

Wanneer u daarentegen keihard hebt gewerkt, waarbij alles mee zat en lukte, dan komt u fris en energiek thuis en u heeft geen behoefte aan rust. Bij chronische vermoeidheid zijn dus twee benaderingen noodzakelijk:

1. Een systematisch oefenprogramma om de bewegingsarmoede tegen te gaan en de conditie op peil te brengen (zie het vorige hoofdstuk).
2. Zorgen voor succeservaringen door:
   a) Het wenselijke en het haalbare dichter bij elkaar te brengen; m.a.w. misschien beginnen met iets minder te willen.
   b) De beginmoeheid te bestrijden door op een vaste tijd te beginnen. Niet toe te geven aan de neiging uit te stellen en liever op een wat lager niveau te beginnen, om vervolgens langzaam maar zeker uit breiding te geven aan de activiteiten.

Het belangrijkste is dat u kwaliteit en succes in uw leven terugbrengt. Een goed bewegings- programma en voldoende ontspanning zijn daarbij noodzakelijk.

Lichaamsbeweging

Vermoeidheid laat zich het best verdrijven door lichamelijke activiteit en ontspanning af te wisselen. Wie moe van zijn werk komt met de nodige frustraties, waarbij het werk niet vlotte, kan beter niet voor de televisie gaan hangen. Zwemmen of een stukje wandelen lijken als het ware nieuwe, verborgen energielagen aan te boren.

Afleiding
Verandering van omgeving, het doorbreken van de sleur, iets leuks doen (liefst met anderen) geeft een opkikker. Het is belangrijk een hobby te hebben, waarbij men kan denken aan zaken als creativiteit (schilderen, tekenen, kleren maken), het aanleggen van een verzameling, genieten van de natuur, een korte vakantie, een mooie film, een interessant boek, een spannende TV-serie, een voetbalwedstrijd, enz. De goede dingen van het leven verdwijnen als gevolg van angst en vermoeidheid vanzelf uit uw leven, maar komen niet vanzelf terug. Stimulerende afleiding moet u opzoeken en planmatig terug in uw leven organiseren.

Prioriteiten
Het is belangrijk vooral die zaken de aandacht te geven, die dat verdienen. Daarvoor moet u weten wat voor u in feite het meest de moeite waard is. Vooral wanneer uw mogelijkheden terug lopen, is het meer dan ooit noodzakelijk prioriteiten te stellen. Hard werken kan noodzakelijk zijn, belangrijk is het meestal niet. Wanneer u kinderen de vraag stelt: 'Wat waardeer je het meest in je ouders?', of wanneer u volwassenen vraagt: 'Wat vond u als kind de beste eigenschap van uw ouders?', dan is het antwoord nooit: 'Dat ze zo hard werkten, dat ze zoveel geld verdienden, dat de tuin er zo mooi bij lag', enzovoort. Nee, het antwoord luidt meestal: 'Dat ze tijd voor me hadden, dat ze belangstelling toonden, dat ze met me meeleefden enz.'.

Hoeveel aandacht geeft u aan de mensen, die u het meest dierbaar zijn en wat is de kwaliteit van die aandacht? Verspil uw energie niet aan futiliteiten.

Acceptatie
Waarom voel ik me voortdurend ellendig? Waarom is er steeds weer die wurgende angst? Waarom gaat dat rotgevoel niet weg? Waarom kunnen anderen zomaar simpel gelukkig zijn? Wat ben ik een waardeloos geval, dat ik altijd maar met mijn gevoelens overhoop lig.

Angst maakt eenzaam en de vraag komt naar voren: 'Waarom? Waarom ik?' Op die vraag is geen antwoord. Waarom is er kwaad? Kwaad is zinloos. Wat is de zin van zinloosheid? Waarom is een cirkel rond? We kunnen alleen feitelijk constateren dat er kwaad is. Er is goed en kwaad, mooi en lelijk, dag en nacht, leven en dood.

De vraag: Waarom ik? zou ook kunnen luiden: Waarom ik niet? Het accepteren van je hulpeloosheid, van je ellende lijkt een practisch onmogelijke opgave. Je kunt en wilt het niet accepteren en daarom blijf je maar vechten en strijden. Het heeft immers al veel te lang geduurd; er is al veel te veel tijd verloren gegaan. Je wilt eindelijk eens leven, eindelijk eens een beetje geluk. Het is allemaal waar. Toch is stoppen met vechten, acceptatie en berusting noodzaak. Als het met vechten over zou gaan, dan was het allang over geweest. Als één ding is gebleken, dan is het dat vechten niet helpt!
Accepteren dat je bent zoals je bent, lukt beter als ook de omgeving daarop inspeelt. Voor veel mensen kan het een troost zijn lotsverbondenheid te voelen door zich bewust te zijn van lijden van anderen. Het delen van je emoties en zorgen is een belangrijke eerste stap.

Voor u toe bent aan een andere benadering, gaat u door verschillende fasen.

1. **Ontkenning**
   Niemand mag weten dat u angstig en onzeker bent. U wilt niet toegeven dat u een probleem heeft. Uw paniekaanvallen drukt u weg, u zwijgt erover, het gaat anderen niets aan en u wilt uw gezin er niet mee lastig vallen. U gaat zoveel mogelijk stug door, eventueel m.b.v. kalmeringsmiddelen. U doet of er niets aan de hand is.
2. **Opstand en agressie**
   U kunt uw probleem niet meer verbergen, maar u wilt er ook niet over praten. U wordt prikkelbaar en onhandelbaar. U gaat bepaalde situaties uit de weg en u legt anderen gewoon uw wil op. Men moet maar weten dat u een belangrijke reden heeft om iets al dan niet te doen.Als de omgeving hierop niet 'goed' reageert, voelt u zich miskend en verkeerd begrepen. U vecht steeds harder met steeds minder resultaat.
3. **Passiviteit, moedeloosheid en depressiviteit**
   U bent leeg gevochten en ziet het niet meer zitten. U ontloopt uw

verantwoordelijkheden en zoekt de afzondering. U heeft last van slapeloosheid 's nachts en bent gedwongen overdag te rusten.

4. **Acceptatie**
   U voelt dat het zo niet langer kan. U wilt hulp en u bent bereid te erkennen dat er een serieus probleem is waarover gesproken dient te worden. Wanneer er iets van acceptatie, van 'zo kan ik ook niet blijven doorgaan', begint te ontstaan, is er nog altijd de vraag: 'Wat nu? Is er wel een alternatief? Zo ja, hoe?'

Wanneer er problemen zijn, dan is het noodzakelijk deze niet te ontkennen of te negeren. Dit vraagt het onder ogen zien van de realiteit o.a waar het werk, vakanties, sociale contacten en relaties betreft. Niet angstig ontkennen en de kop in het zand steken, maar de problemen onder ogen zien en onverschrokken tegemoet treden. Gebrek aan acceptatie betekent dat u constant probeert schema 1 te volgen, omdat u de reëele situatie (schema twee) niet onder ogen wilt of durft te zien. Op die manier komt u nooit aan schema 3, het schema van opbouw en herstel.
Veel emotionele problemen hangen samen met stress, met te lang gespannen zijn, met overspannen zijn. Dit kan iedereen overkomen en het heeft niets te maken met zwakte of met gebrek aan doorzettingsvermogen. Wat dan wel?

Te veel mensen zeggen te lang tegen zichzelf en anderen dat het goed gaat, dat het wel meevalt, dat het wel in orde zal komen, terwijl ze in diep in hun hart wel weten dat dit niet reëel is. Ze zijn bang voor de waarheid, bang dat ze deze niet aan kunnen en ontkennen de waarheid dan maar. Zij stellen zichzelf niet de noodzakelijke vragen: hoe wil ik met mijn beperkte mogelijkheden omgaan, waar wil ik wel en waar wil ik geen energie meer in steken, hoe geef ik zo inhoud en vorm aan mijn leven, dat ik mezelf kan zijn en niet voortdurend op mijn tenen hoef te lopen, maar toch mijn mogelijkheden optimaal benut? En zo lang men deze vragen niet stelt, worden ze ook niet beantwoord, worden er geen keuzes gemaakt en blijft men moeizaam proberen alles maar zo lang en zo goed mogelijk vol te houden.

Gebrek aan acceptatie leidt tot negatieve emoties. Negatieve emoties kosten veel energie. Acceptatie wil niet zeggen dat u vrede heeft met uw voortdurende angsten en onzekerheden. U kiest voor een weg, waarin u beseft dat naast uw ellende er toch nog mogelijkheden zijn iets van uw leven te maken. Dit betekent dat de confrontatie tussen wat u wilt en wat haalbaar is, wel pijnlijk blijft, maar niet meer leidt tot inactiviteit, vermijdingsgedrag of geforceerd handelen. In plaats van chronische besluiteloosheid t.g.v. angst, verbittering en wrok kunt u tot nieuwe initiatieven komen op grond van de realiteit. Dat vraagt realiteitsbesef. Een voorbeeld kan dit verduidelijken.

Wanneer u vanuit een goed betaalde werkkring in de bijstand komt, dan vraagt dit een nieuw uitgavenpatroon. Als u niet de tering naar de nering zet, maar door blijft gaan met buitenshuis eten, met rondjes geven en met een dure auto blijft rijden, dan blijft u in de problemen en worden deze zelfs alleen maar groter. Wanneer u erin slaagt in deze nieuwe situatie met uw geld uit te komen en zelfs weer een stuk plezier in uw leven weet te brengen, dan is er acceptatie gegroeid. Het betekent volstrekt niet dat u dan tevreden bent met uw financiële situatie. U zult er aan blijven werken deze te verbeteren. Pas wanneer u zelfs wat geld overhoudt en daaraan een stuk zelfrespect ontleent, kunt u weer positief denken en creatief zijn.

Als u chronisch angst heeft, moet u niet slechts uw uitgavenpatroon, maar uw hele levensstijl wijzigen. Wanneer u merkt dat het u steeds beter lukt en u zelfs ondanks de angst weer rust, harmonie en ook lol in uw leven weet te brengen, dan is er acceptatie gegroeid. Het betekent volstrekt niet dat u dan tevreden zou moeten zijn met uw angst.

Preventie

Voorkomen is echter beter dan genezen. Hoe is angstproblematiek en overspannenheid te voorkomen? Hierbij gelden een aantal regels:

- Neem rust, hoe druk u ook bent; problemen lijken groter als u moe bent.
- Zorg voor lol, voldoening en succes in uw werk. Werk put u alleen uit, wanneer het niet lukt.
- Zorg voor fysieke activiteiten.
- Verbeter uw dieet.
- Werk aan een gebalanceerde dagindeling.
- Zie problemen als uitdagingen.

- Ga juist om met ergenis.
- Richt u niet op hetgeen vervelend en pijnlijk is en wat u niet kunt veranderen.

Het herstel, het rustig opbouwen van belastbaarheid, begint met het simpel beïnvloeden van ons houdings- en bewegingspatroon.

Samenvatting

Vermoeidheid

Fysiek - Door te veel energieverbruik
- Door conditieverlies.

Psychisch - Door beginmoeheid, faalangst, gebrek aan succes
- Door zorgen en piekeren
- Door schaamte- en schuldgevoelens
- Door machteloosheid.

Bij chronische vermoeidheid zijn dus twee benaderingen noodzakelijk:

1. Een systematisch oefenprogramma om de bewegingsarmoede tegen te gaan en de
   conditie op peil te brengen.
- Pauzes op een vaste tijd en na een beperkte hoeveelheid inspanning
- Slaapritueel
- Goede eetgewoonten (energierijk ontbijt, lichte avondmaaltijd, weinig zoete tussendoortjes).

2. Zorgen voor succeservaringen door:
   a) Het wenselijke en het haalbare dichter bij elkaar te brengen. M.a.w. misschien beginnen met iets minder te willen.
   b) De beginmoeheid te bestrijden door op een vaste tijd te beginnen.
- Energieke lichaamsbeweging
- Inspirerende afleiding, hobby
- Prioriteiten
- Accepteer de realiteit.

Stap 4 Verdrijf de vermoeidheid met succes.

Vragen

1. Waar wordt u vooral moe van? Van wat of van wie?

2. In welke situaties heeft u last van beginmoeheid? Hoe gaat u beginmoeheid te lijf?

3. Hoe zou u uw nachtrust kunnen verbeteren?

4. Als u voortdurend moe bent, kunt u dan beter uitslapen of kunt u beter op tijd opstaan?

5. Hoe staat u meestal tegenover uw angst? Is er vooral sprake van ontkenning, van opstand, van verdriet of van acceptatie?

6. Wanneer kunt u uw angst wel en wanneer kunt u uw angst niet accepteren? Wat zijn de gevolgen als u angst of andere problemen niet accepteert?

7. Wat is het verschil tussen 'accepteren' en 'het wel goed' vinden?

8. Uw tijd goed besteden en met de goede dingen bezig zijn, is dat hetzelfde? Wat is het verschil?

9. Heeft het zin te rusten voordat u moe bent?

10. Zijn er situaties waarin u 'ja' zegt, terwijl u 'nee' bedoelt? Waarom doet u dat?

Huiswerkopdrachten

1. Kies een taak uit waarbij u de salamitechniek kunt toepassen. Breng hierover verslag uit.

2. Beschrijf een duidelijke teleurstelling die u heeft gehad. Wat deed dat met u?

3. Beschrijf een succeservaring die u heeft gehad. Wat deed dat met u?

4. Maak een dagindeling waarbij u de pauzes van tevoren vastlegt.

5. Maak een lijst van uw verplichtingen en geef aan welke noodzakelijk, welke nuttig en welke belangrijk voor u zijn.

Les 5 Angst en de ander

Inleiding

Door angst raakt u gemakkelijk in een isolement. Verschillende factoren spelen daarbij een rol: uw grotere behoefte aan rust, het verdwijnen van uw interesse in het wel en wee van anderen, (u heeft immers genoeg aan uw eigen problemen), het feit dat u geen zin heeft in lastige vragen en het gegeven dat u door dit alles natuurlijk steeds meer gaat piekeren. We zullen deze factoren, die verantwoordelijk zijn voor uw toenemend isolement, kort toelichten.

- Veiligheid zoeken. Als u zich niet op uw gemak voelt, heeft u toch al de neiging zich af te zonderen. Niet op uw gemak voelen is echter nog zeer mild in vergelijking bij wat u voelt bij angst en paniek.
- Onbekend maakt onbemind. Wanneer u anderen minder ziet, wanneer u minder samen doet, zijn er steeds minder raakvlakken. Hoe vaker u iemand ziet, hoe meer u die persoon te vertellen hebt; hoe minder u iemand ziet, hoe minder gespreksstof. Mijn dochter voerde vroeger dagelijks lange gesprekken met haar vriendin. Het leek wel of ze nooit uitgepraat raakten.
- Lastige vragen. Als u zich voor anderen afsluit, hoeft u ze ook niets uit te leggen. De angst voor moeilijke vragen kan u steeds meer in een isolement drijven. U wilt en kunt zich niet verantwoorden voor uw angsten en onzekerheden. Als er vragen gesteld zouden kunnen worden over zaken, die uw angst betreffen, raakt u in paniek.
- Piekeren. Elke leegte vult zich met negatieve emoties. Hoe meer u alleen bent, hoe meer u op uzelf wordt teruggeworpen, des te meer gaat u piekeren. Juist het piekeren, het nadenken over wat er zou kunnen gebeuren, veroorzaakt angst. De angst maakt weer dat u meer in uw schulp kruipt en zo is de cirkel rond.

U kunt voorkomen dat u zich te veel terugtrekt en in een isolement raakt als u schaamte- en schuldgevoelens weet aan te pakken.

Schaamte

Uit de hand gelopen angst is gek en niet invoelbaar. Er zit geen logica in en dat is juist het beangstigende. De fobicus (iemand met een extreem angstprobleem) is echter niet gek. Zijn angst is gek.

Als bij u de angst buiten proporties is gegroeid, dan weet u wel dat u niet gek bent, maar u weet ook dat uw angst bizar is. Omdat uw angst bizar is, schaamt u zich. Het valt immers niet uit te leggen. De schaamte is extra diep, als u net als de meeste mensen van jongsaf bent grootgebracht met een flinkheidsideaal. Moed en vastberadenheid dwingen respect af. We lezen graag over een held die allerlei gevaren en moeilijkheden onverschrokken tegemoet treedt. Dat inspireert ons. Een angsthaas kan rekenen op medelijden (wat een zielepoot), op veroordeling (wat een aansteller) en op verachting (wat een lafaard).

Daarom zegt u ook niet zomaar: Ik ben bang. Vooral niet, omdat de volgende vraag dan is: Waarom of waarvoor ben je bang? Op die vraag is geen goed antwoord mogelijk.

Gezien het allesoverheersende flinkheids-denken is het logisch dat u niet met uw angst te koop loopt. Er is een kans dat u kampioen wordt in het verzinnen van uitvluchten. Mensen met een angstprobleem bedenken de meest ingewikkelde verhalen, waardoor er duizend en één redenen zijn, waarom ze iets niet doen, zonder dat ze de ware reden noemen. De ware reden is angst.

Het uit schaamte ontkennen of verbergen van angst brengt de oplossing echter niet naderbij. Angst gaat niet vanzelf weg en slijt niet. Integendeel, angst komt vanzelf, wordt vanzelf erger, maar gaat niet vanzelf over. Laat dit nogmaals tot u doordringen: Angst gaat niet vanzelf weg, het wordt vanzelf erger. Maak uzelf geen illusies.

Er is ontzettend veel lef voor nodig om toe te geven aan anderen dat u bang bent, dat u een ernstig angstprobleem heeft, dat u één of meerdere fobieën heeft. Het bespreekbaar maken van uw angstprobleem is de noodzakelijke eerste stap.

Alleen en eenzaam

Vaak zult u allerlei tegenstrijdige gevoelens hebben. Aan de ene kant kunt u niet meer alleen zijn en komen de muren op u af, maar anderzijds is gezelschap u ook snel te veel en te vermoeiend. Soms voelt u zich bij anderen een grote uitzondering en extra eenzaam. U heeft een sterke behoefte aan aandacht en steun, maar tevens bent u heel bang voor nabijheid en intimiteit. Deze tegenstrijdige gevoelens hebben te maken met scheidingsangst, met schaamte en met faalangst.

- Scheidingsangst: U bent bang u te binden en vertrouwen te schenken. Naarmate de band met een vertrouwenspersoon sterker wordt, neemt ook de angst voor verlies en voor afwijzing toe. Scheidingsangst is er vooral als u al eens mensen bent kwijtgeraakt, die belangrijk voor u waren. U wilt dan niet opnieuw de pijn en het verdriet van een dergelijk verlies voelen.
- Schaamte: U durft zelf uw hand niet uit te steken en u durft geen steun en bemoediging te vragen uit angst het stempel van 'een zeur' te krijgen; 'zielig' gevonden te worden.
- Faalangst: U wilt dat een ander zijn hand uitsteekt, maar als er hulp wordt aangeboden, durft u deze helpende hand niet te pakken. Immers, allerlei gedachten dwalen door uw hoofd: *'Wat kan ik terug doen, kom ik niet in het krijt te staan, wat zal die ander, die mij helpt, van mij verwachten? Ik heb niets te bieden dan teleurstelling. Wat gebeurt er als de ander merkt wat een waardeloos figuur ik ben? Ik wil niet dat ik anderen die teleurstelling bezorg. Ik wil aan niemand iets verplicht zijn.'*

Aan de ene kant heeft u sociale angst, aan de andere kant wilt u zich vastklampen aan anderen. Sommigen zullen met begrip en warmte op uw hulpvraag ingaan, anderen kunnen teleurstellend en afwijzend reageren. Vanwaar komt die terughoudendheid en de weerstand bij mensen, van wie u verwacht dat ze u onvoorwaardelijk zullen steunen? 'Vrienden' waarvoor u altijd heeft klaargestaan, hebben hun vragen en hun onzekerheden: Waar word ik verantwoordelijk voor? Wat kan en moet ik precies doen? De ander was altijd sterk en hielp mij; hoe kan het dat de rollen nu zijn omgedraaid? Kan ik dat aan, zal ik niet tekortschieten?

Verantwoordelijkheid

Wat er met u kan gebeuren, is vergelijkbaar met hetgeen een kind overkomt dat zich op school afgewezen voelt. Het klampt zich aan iedereen vast, die maar een beetje aardig is. Deze omklemming is soms voor het nieuwe vriendje of vriendinnetje te strak, te beklemmend. Niet omdat dit nieuwe speelkameraadje het geplaagde kind niet aardig zou vinden, maar omdat de vriendschap te benauwend is. Er is een te grote afhankelijkheid, die een te grote verantwoordelijkheid met zich meebrengt. Er is een al dan niet uitgesproken noodkreet: 'Iedereen is tegen mij; jij bent de enige, die ik nog heb; als jij me laat vallen, heb ik helemaal niemand meer'. Een vriendje kan helpen, maar kan nooit de oplossing zijn van het eenzaamheidsprobleem.

Daarom is het belangrijk dat de ander weet dat u tijdelijk wat extra steun en veiligheid nodig heeft. Als u zich vervolgens veilig en vertrouwd bij anderen weet, kunt u heel langzaam uw afhankelijkheid wat afbouwen en uw vrijheid en uw zelfstandigheid herwinnen. Langzaam leert u weer alleen te zijn zonder u eenzaam te voelen. Anderen kunnen *op den duur* uw eenzaamheidsprobleem niet oplossen. Anderen kunnen niet *blijvend* een leegte vullen, dat kunt u op den duur alleen zelf. Uw heeft echter een *overbruggingsperiode* nodig.
Een periode van extra veiligheid om te kunnen herstellen, om uzelf weer terug te vinden. Op grond van deze positieve ervaringen van steun en geborgenheid kunt u daarna weer rustig uzelf zijn. Hoe meer u daarna weer rustig leert uw alleenzijn te accepteren, vervolgens te waarderen en uiteindelijk zelfs te genieten, hoe beter u ook in staat zult zijn meer gezelschap te accepteren, te waarderen en zelfs van gezelschap te genieten.

Het leren genieten van alleen- en samenzijn vraagt eerst echter ervaring met een gevoel van basisveiligheid. U kunt samen met anderen werken aan het herontdekken van een gevoel van basiszekerheid. Dit is een groeiproces van heel onveilig, naar steeds iets meer veiligheid. Als u duidelijk maakt dat u een ander nodig heeft bij dit groeiproces en dat een ander daarbij een belangrijke plaats kan innemen, dan zullen vele mensen u daarbij graag willen helpen. Als zij echter het idee krijgen verantwoordelijk te zijn voor uw probleem en blijvend de leegte in uw leven moeten vullen, dan zullen sommigen het (terecht of ten onrechte, dat mag u zelf beslissen) laten afweten. Soms willen mensen helpen, maar doen ze of zeggen ze de verkeerde dingen. Neem ze dat niet kwalijk, maar leg hen uit, waar u wel en waar u geen behoefte aan heeft, wat u helpt en wat u niet helpt.

Ik ben iedereen tot last

Vaak zijn er ernstige schuldgevoelens ten opzichte van partner en kinderen. U voelt zich vooral verantwoordelijk voor het geluk van uw kinderen.

U wilt hen graag een onbezorgde jeugd bezorgen. Wat moeten ze denken van een vader of moeder die voortdurend moe, angstig en verdrietig is? Krijgen ze daar geen trauma van?
Kinderen hebben geen problemen met problemen. Een hechte gezinsstructuur kan ongelooflijk veel hebben. Soms maakt armoede en ellende de band nog veel hechter. Het aantal echtscheidingen neemt zelfs vaak toe met het toenemen van de materiële welvaart. Problemen worden onverdraaglijk en geven angst en verwijdering, wanneer er niet over wordt gepraat. Een kind wordt angstig en onzeker wanneer het zijn ouders voortdurend hoort ruzie maken en niet weet wat of hoe. Wanneer het daarentegen de boodschap krijgt: 'Pappa en Mamma houden heel veel van jou. Zij kunnen niet goed met elkaar opschieten, maar jij blijft altijd de kampioen, jij komt altijd op de eerste plaats! Ook al leven pappa en mamma niet meer samen, we blijven vrienden waar het jou betreft', wordt het kind gerustgesteld.

Gerard de Bruin heeft grote problemen. Hij is van werk veranderd, maar hij loopt daar vast. Hij slaapt slecht en heeft last van vermoeidheid en paniekaanvallen. In verband met zijn angst verzuimt hij veelvuldig zijn werk. Ontslag dreigt. Gezien zijn leeftijd is de kans op werk in de toekomst niet groot. Gerard heeft slapeloze nachten over de studie van zijn zoon en de pony van zijn dochter. Zijn kinderen zijn het altijd goed gewend geweest, veel beter dan hijzelf vroeger. Zij zijn daardoor wel veeleisend geworden. Hij kan het straks allemaal niet meer betalen. Na maanden van eenzaam tobben besluit hij alles maar eens met zijn gezin te bespreken. Hij vertelt eenieder, waar hij mee zit. Wat het betekent als hij niet meer aan het werk komt. De reakties zijn zeer bemoedigend. Zijn dochter biedt spontaan aan de pony te verkopen. Ze kan met een vriendin samen doen en dan heeft ze de voordelen, maar niet de nadelen. Zijn zoon zegt dat hij wel kan zorgen voor een krantenwijk en dat hij daarmee voor zijn eigen zakgeld kan zorgen. Zijn vrouw geeft te kennen, dat zij ook wel wat buitenshuis kan en wil doen. Ze wilde daar niet eerder over beginnen uit angst dat Gerard zich beledigd zou voelen. Na dit gesprek sliep Gerard voor het eerst sinds maanden weer goed. Hij voelde dat de problemen het gezin dichter bij elkaar hadden gebracht. Door zijn kwetsbaarheid, door zijn zorgen te delen, had hij bij de anderen krachten losgemaakt.

Veelal hebben we het idee dat we kinderen onze zorgen en onze zwakhe-

den niet mogen laten zien. Dat kinderen daardoor minder bewondering en minder respect voor ons zouden hebben. Dat is grote onzin. Kinderen vinden het prettig te zien en te merken dat volwassenen ook mensen zijn van vlees en bloed. Dat ze emoties, angsten en onzekerheden kennen. Dat zwak zijn en ziek zijn mag. Kinderen horen graag welke fouten ouders vroeger zelf gemaakt hebben en wat ze ervan hebben geleerd. Het is ontmoedigend te horen hoe goed en volmaakt hun ouders altijd waren. Het delen van problemen, het accepteren van problemen, het praten over problemen geeft een band. Het allerbelangrijkste dat u een kind kunt geven, is het gevoel: Ik ben waardevol. Dat gevoel geeft u uw kind niet door het heel veel aandacht te geven en door u voortdurend uit te sloven. Als u van alles doet voor uw kind en het moet daarom dankbaar en lief zijn, dan geeft u daarmee eerder schuldgevoelens en onzekerheid dan gevoelens van dankbaarheid en zelfvertrouwen..
Het delen van problemen geeft kinderen het gevoel dat ze belangrijk en waardevol zijn.

Intimiteit
Eerder is het belang onderstreept van warm lichamelijk contact, waarbij u zichzelf kunt zijn en u veilig voelt. Lichamelijk contact is vaker bedreigend en veel minder vanzelfsprekend, dan op het eerste gezicht lijkt. Zelfs in de intieme sfeer kunnen onzekerheid en angst op de voorgrond komen te staan. Seksuele gemeenschap kan ten gevolge van vermoeidheid en spanningen moeilijker plaatsvinden. Angst te falen en vrees tekort te schieten verstoren de veilige sfeer, die noodzakelijk is om intiem te kunnen zijn. Lichamelijk contact is dan niet meer ontspannend, maar inspannend.

Een onjuiste grondhouding kan de mooiste, waardevolste levensgebieden onaantrekkelijk maken. Fnuikend voor geborgenheid en intimiteit is een houding, waarbij u niet rustig uzelf durft te zijn. Een houding waarbij u wilt presteren en waarbij u het goed wilt doen in de ogen van de ander. U doet dan iets *voor* de ander in plaats van *met* de ander. U voelt zich verplicht tot bepaalde acties en u wilt een bepaald resultaat bereiken, omdat u de ander niet wilt teleurstellen of kwetsen. U wil slagen en u stelt dan aan uzelf of aan de ander bepaalde eisen, waaraan voldaan moet worden.

Onbedoeld maakt u hierdoor lichamelijk contact bedreigend. Inspannend is het, wanneer u aan zelf of aan de ander een brevet van onvermogen uitdeelt, omdat er niet voldaan wordt aan een vaak niet eens duidelijk uitgesproken verwachtingspatroon. Als een vrouw verlangt naar tederheid en een man naar seks, dan is dat niet automatisch hetzelfde. Het verschil duidelijk maken vraagt om goede communicatie. Dat betekent dat u zich vrij moet voelen om nee te zeggen tegen iets wat u nu minder prettig vindt, omdat vermoeidheid, stress en onzekerheid nu een rol spelen en eerder niet. Vrijmoedig nee zeggen, zonder u schuldig te voelen, wanneer de ander zich daardoor gefrustreerd voelt en dan weinig begrip toont, valt niet mee. Toch is het belangrijk dat u dit leert, omdat 'ja' doen en 'nee' denken (toneelspelen) erg inspannend in plaats van ontspannend is. Op den duur is dergelijk toneelspel desastreus voor de seksuele relatie.

In een relatie zijn beide partners verantwoordelijk voor elkaars welbevinden. Het is absoluut fout de verantwoordelijkheid voor de kwaliteit van de relatie bij één van de partners te leggen. Noch u, noch uw partner zijn verantwoordelijk voor het kunnen genieten van elkaar. Daar bent u samen voor verantwoordelijk. Praat daarover!

Gelijkwaardigheid

Wanneer één van beide partners minder kan presteren, dan heeft dit zoals gezegd gevolgen voor zijn gevoel van eigenwaarde. Het zelfvertrouwen en het zelfrespect kunnen minder worden. Het blijkt vaak dat de zwakte van de één goed opgevangen kan worden door de partner c.q. ouders, vrienden en kennissen.

Toch doet het vreemde verschijnsel zich voor dat degene die minder belastbaar is, in zijn hart niet zo gelukkig is met het feit dat taken en verantwoordelijkheden soepel worden overgenomen.

Wanneer iemand uitvalt en een ander neemt zijn taak over en deze invaller kwijt zich uitstekend van zijn nieuwe taak, dan kan dit een klap zijn voor de uitvaller. Immers, het blijkt dan dat de uitvaller misbaar, extreem gezegd overbodig is. Hoe meer de omgeving de uitvaller duidelijk maakt dat deze zich niet ongerust hoeft te maken, omdat alles gewoon doorgaat, hoe ongelukkiger de uitvaller zich voelt. Het helpt niet dat men duidelijk maakt dat men het echt niet erg vindt iets meer te moeten doen dan anders.

Loopt echter alles min of meer in de soep, vraagt men herhaaldelijk de uit-

valler om raad, vertelt men dat het tegenvalt al die extra dingen te doen, die normaal gedaan werden, enz., dan voelt de uitvaller zich beter.
Dat is niet redelijk, maar wel invoelbaar. Soms vinden rolomwisselingen plaats: de vrouw wordt kostwinner en de man huisman.
Pijnlijk duidelijk wordt het dan soms voor beide partijen dat buitenshuis werken best leuk kan zijn, gezien de afleiding die dit met zich meebrengt en dat het ongelooflijk moeilijk is van binnenshuis werken iets leuks te maken. Het is voor veel vrouwen reeds moeilijk om voldoening te vinden in het huisvrouw zijn. Nog meer is het voor de meeste mannen een opgave om de lol van het huisman zijn in te zien, vooral omdat zij er meestal niet voor gekozen hebben, maar er min of meer toe veroordeeld zijn.
Wanneer de vrouw uitvalt en haar man haar taak zeer adequaat overneemt, dan is dit voor haar ook een klap. Hoe sneller de man haar vak leert, des te sneller ervaart zij haar bestaan als zinloos.

Natuurlijk kan men stellen: Het gaat er niet om wat je doet, maar om wat je bent. Een bankdirecteur is niet meer waard dan een oma van 80 jaar of een jonge werkeloze. Het gaat om het karakter en dat bepaalt hoeveel iemand betekent voor zijn directe omgeving. Dat kan allemaal wel waar zijn, maar het is nu eenmaal gemakkelijker voor iemand iets te *doen* dan er voor iemand te *zijn* door bijvoorbeeld oprechte belangstelling te tonen en dankbaarheid te uiten.

Het is noodzakelijk dat de uitvaller blijft voelen dat hij onmisbaar is. Misschien ligt het onmisbaar zijn op een ander vlak dan hij altijd gedacht heeft. Hij zal aan de gedachte moeten wennen dat hij er op een andere manier nog echt bij hoort.
De uitvaller mag niet gaan denken dat de ander superieur is en hij inferieur. Hij moet blijven geloven in de gelijkwaardigheid van beide partners in de relatie, ondanks het feit dat het takenpakket wat anders geworden is. Zij vullen elkaar nog steeds aan en hebben elkaar meer dan ooit nodig.
Hoewel de uitvaller alleen zelf ervoor kan zorgen dat hij zijn gevoel van eigenwaarde behoudt of terugkrijgt, kan de omgeving hierbij wel wat helpen:
- Door een beroep te blijven doen op de uitvaller voor alle dingen die hij nog wel kan.
- Door hem te betrekken, misschien niet bij de uitvoering zelf, maar wel

bij de organisatie, de planning van taken, e.d.
- Door vaak advies, raad en steun te vragen.

Geef de uitvaller nooit het gevoel dat u alles alleen wel kunt en dat u hem niet nodig heeft. Geef de uitvaller niet het gevoel dat u zijn taken er wel even bij pakt, zodat hij zich geen zorgen hoeft te maken. Juist dan gaat hij piekeren.

Wat helpt u niet?

Als u zich kwetsbaar opstelt, dan heeft u geen behoefte aan adviezen, maar aan medeleven en aan acceptatie. Anderen kunnen u helpen, maar zij moeten zich niet verantwoordelijk gaan voelen voor uw probleem. Als dat niet heel duidelijk is, ontstaat er zowel bij uzelf alsook bij anderen onzekerheid. Onbedoeld maken vrienden en kennissen dat u afstand van ze neemt als gevolg van hun talloze adviezen en “goede” raadgevingen. Een onzeker, angstig persoon reageert met schaamte en meer angst op zogenaamde bemoediging en opmerkingen zoals;
- Je hoeft echt niet bang te zijn. Er gebeurt echt niets;
- Kop op;
- Laat je niet kennen;
- Het lukt jou wel;
- Probeer het nu maar, je zult zien dat het meevalt, enz...;
- Je bent nog jong genoeg om helemaal opnieuw te beginnen;
- Let eens op alles wat je nog hebt;
- Er zijn nog zoveel mensen die het slechter hebben.

Dergelijke ‘bemoedigende’ opmerkingen maken over het algemeen het verschil groter tussen hoe u zich voelt en hoe u zich zou moeten (willen) voelen. Dit verschil tussen hoe u zich voelt en hoe u zich zou willen voelen, vormt een bron van ergernis, zelfverwijt en schuldgevoel en dus is dit een bron van extra spanning. De goede raad en de adviezen klinken positief, maar toch klinkt hierin door:
- Je mag niet zo zijn;
- Je moet veranderen;
- Je doet het niet goed;
- Doe maar wat ik zeg, dan los ik het wel voor je op.

Eigenlijk voelen deze adviezen en opmerkingen aan als verborgen kritiek en als indirecte verwijten. Dat is het laatste dat u kunt gebruiken. U heeft juist behoefte aan begrip en acceptatie. U wilt het gevoel krijgen dat u mag zijn zoals u bent, dat u mag voelen wat u voelt. U heeft al zo'n moeite met zelfacceptatie, als anderen u ook niet accepteren, gaat helemaal het licht uit.

Vooral de opmerking: 'Je hoeft niet bang te zijn', is verwoestend. Alsof u zelf niet weet, dat u niet bang hoeft te zijn. Wat u weet, helpt u niets. Wat u voelt, bepaalt hoe u de realiteit beleeft en hoe deze er voor u uitziet.

Wat wilt u?

Het is een kwestie van leren aangeven wat uw werkelijke behoeften en wensen zijn. Vragen om veiligheid en bescherming. Een beroep durven doen op ouders, familie en vrienden en hun vertellen wat ze voor u kunnen doen, wat ze voor u kunnen betekenen. Hoe ze een belangrijke plaats in uw leven kunnen innemen. Niet omdat die anderen dat willen en u ertoe veroordeeld bent, maar omdat u dat zelf wilt. Omdat u het niet alleen kunt, maar vooral omdat u het niet alleen wilt. Misschien was u al veel te lang de kleine zelfstandige die alles alleen deed en alles alleen kon. Die zichzelf onmisbaar maakte en geloofde dat het alleen goed kon gaan door het zelf te doen en die regelmatig riep: 'Je kunt ook niets aan jullie overlaten' 'Als ik ook niet aan alles denk, loopt het fout.' Het is nooit te laat om het roer om te gooien. U kunt zich van een kleine zelfstandige ontwikkelen tot een manager, die gebruik maakt van de talenten en de kwaliteiten in de omgeving, deze stimuleert en tot ontplooiing brengt.

Kunt u in uw directe omgeving krachten losmaken en mensen mobiliseren, zodat u op hen kunt terugvallen? Personen vragen of ze bereid zijn u een veilige plaats te geven en of ze u een beetje begrip en ondersteuning willen geven. Personen, die u vervolgens helemaal met rust laten en u vooral niet lastig vallen met goed bedoelde adviezen. Kortom, mensen die u met behoud van uw eigen vrijheid wat gezelschap, wat aanspraak, wat vriendschap willen bieden. Ouders (tenzij ze overbezorgd zijn en je niet met rust kunnen laten) familie of goede kennissen zijn vaak in te schakelen.

Wie dan ook allemaal zouden willen helpen, ze hebben altijd uitleg nodig over wat ze kunnen betekenen, hoe ze u wel en hoe ze u niet van dienst kunnen zijn. Ga er nooit vanuit dat anderen u aanvoelen en weten wat u nodig heeft. Ga niet zitten wachten tot een ander op een goed idee komt.

Kom uit de wachtkamer en maak die krachten in uw omgeving los, die voor de oplos-sing van uw problemen nodig zijn.
Denk ook aan professionele opvang, waarbij u ook niet altijd direct de goede hulpverlener te pakken hebt. Geef niet te snel op; blijf zoeken tot het klikt of tot u diegene vindt, die u kan helpen. Sluit u aan bij een patiëntenvereniging.

Assertiviteit
Wanneer anderen onevenredig veel invloed hebben op uw leven en op uw geluk, dan bestaat de kans dat daarvan misbruik wordt gemaakt. Dat is een angstig gevoel.
U kunt zich veilig terugtrekken. In de schulp kruipen is een veel voorkomende reactie op machtsmisbruik: 'Ik vertrouw niemand meer, ik ga geen relaties meer aan, ik doe geen zaken meer'. De angst voor een mogelijk nieuwe teleurstelling maakt mensen kopschuw. Het allerveiligste lijkt: Het klooster in. Leven volgens het ascetische principe: Niets begeren is niets ontberen!
Een dergelijke levenswijze 'werkt' alleen als men van binnen uit zo wil leven. Maar dat is alleen voor speciale mensen weggelegd, bewust op positieve gronden een keuze maken, niet uit angst, niet omdat ze niets anders zouden kunnen, maar omdat ze niets anders willen.

Wat echter als u het kluizenaarsbestaan niet ambieert? Kunt u voorkomen dat de omgeving, dat anderen de macht over uw leven en uw geluk krijgen en daar vervolgens misbruik van maken?
Er zijn mensen die anderen gebruiken en misbruiken. Er zijn mensen die zich laten gebruiken en misbruiken. Deze twee groepen hebben elkaar nodig. Als anderen gebruik en misbruik van u maken, dan wordt het tijd dat u dat niet meer toestaat. Als u daar nu aan begint, terwijl u zich zwak voelt, dan zal u dat zeker lukken wanneer u zich wat sterker voelt.
Hoe bereikt u dat mensen geen gebruik en misbruik van u maken, maar er voor u zijn. Doet u dat door voortdurend mensen vast te klampen en bij hen goedkeuring en begrip te vragen? Zijn mensen er alleen voor u, als u altijd aardig bent en altijd aan de verwachtingen van anderen probeert te voldoen?
U heeft behoefte aan bevestiging en goedkeuring. Iemand zei me: Ik ben mezelf kwijt. Ik weet niet meer wat ik moet denken. Dus vraag ik iedereen

om raad en advies. Ik vertrouw mezelf niet meer. Toch geven de geruststellende reakties uit de omgeving geen echte of blijvende zekerheid. Zekerheid komt nooit van anderen, maar kan alleen maar vanuit uzelf komen. Totale zekerheid bestaat niet. Zekerheid betekent kunnen leven met onzekerheid. Dit is zo belangrijk dat het goed is het te herhalen: Zekerheid is kunnen leven met onzekerheid. Onzekerheid is de drang voortdurend zekerheid te willen hebben. Controle op controle op controle. Daarom is het belangrijk, dat u alles niet persé goed wilt doen en dat u het zeker niet perfect wilt doen. Zekerheid krijgt u door de dingen op uw eigen manier te willen doen, uw eigen unieke manier. Niet volmaakt, niet foutloos, maar gewoon menselijk, gewoon op uw eigen manier.

Dat mensen verkeerd over u denken of u pijn doen, kunt u niet voorkomen. Mensen zijn geen robots. Dat geldt voor u en dat geldt voor anderen. Het is menselijk kwaad te worden; zwak te zijn; de verkeerde dingen te zeggen; niet alles te begrijpen. Risico's zijn inherent aan het leven en risico's kunnen het leven boeiend en interessant maken. U kunt deze risico's echter wel kleiner maken door mensen minder ongewenste macht en invloed over uw leven te geven. Dit bereikt u door assertief te zijn. Het is echter belangrijk dat u het kind niet met het badwater weggooit. Geef anderen de juiste macht en de juiste invloed, ook al brengt dit risico's mee.

In intermenselijke contacten bestaan geen absolute zekerheden. Het geeft risico's als u een open boek wilt zijn en als u gewoon probeert uzelf te zijn door uw sterke, maar ook uw zwakke kanten te laten zien. U hoeft uw kwetsbaarheden niet voor iedereen te verbergen. Het grootste risico loopt u als u zichzelf te veel verbergt en het risico niet aandurft u te laten kennen door anderen. Het is het risico van een leven vol gemiste kansen, een eenzaam leven vol onbegrip en miskenning.

Mensen zijn er voor u als u ze laat voelen dat ze belangrijk voor u zijn, als u ze laat voelen dat u ze nodig wilt hebben. Zo maakt u krachten in uw omgeving los, die nodig zijn voor vertrouwen en veiligheid.

Supporter

Een kennis van mij had op zijn werk grote problemen. Hij moest een nieuwe organisatie opzetten, waarbij hij op een wirwar van belangentegenstellingen stuitte. Op een bepaald moment dreigde zijn ontslag. Ik vroeg hem of hij door dit alles niet aan zichzelf ging twijfelen. Zijn antwoord was: 'Een boom kan in de woestijn niet groeien. Dat mag je die boom niet kwalijk nemen.' Zo maakte hij mij duidelijk: Het ligt niet aan mij, maar aan de complexiteit van het probleem.

Bij falen of slagen kijken wij te veel en te vaak naar onszelf of naar de ander en te weinig naar de omstandigheden. Als we succesvol zijn, dan hangt dat niet alleen van onze persoonlijke kwaliteiten af, maar ook van de krachten in de omgeving.
De omgeving kan uitermate stimulerend zijn en onvermoede krachten in ons losmaken, maar de omgeving kan ook heel remmend en verstikkend zijn. Wij hebben behoefte aan steun en support vanuit de omgeving. Wij hebben supporters nodig.

Een kind dat de onvoorwaardelijke kampioen is van zijn ouders, zet onbevangen en vol vertrouwen de eerste stappen op zijn levenspad. Helaas zijn veel ouders zelf onzeker en bezorgd en communiceren deze bezorgdheid (pas op, het gaat niet goed!) naar hun kinderen. Ze hopen met hun voortdurende kritiek en met al hun goede raadgevingen hun kinderen te behoeden voor het maken van fouten. Helaas kun je jezelf niet ontplooien als je geen fouten mag maken. Kritiek en adviezen zijn vaak goed bedoeld, maar je gaat er meestal niet beter van spelen.

Veel bekende sportmensen hebben hun ouders en familieleden als supporters, zoals blijkt bij tennissterren als Steffi Graf, Aranxta Sanchez, Michael Chang (moeder). De wielrenner Greg Lemont nam zijn hele familie mee naar de Tour de France.

Samen

In een ziekenhuis merkt u pas, hoe broos u in feite bent. Een klein bloedvaatje in de hersenen bepaalt het verschil tussen goed gezond of ernstig invalide. Als uw lichaam u in de steek laat, is dat al heel moeilijk te accepteren. Nog moeilijker is het als uw geest u in de steek laat. Als u lichamelijk lijdt, zoekt u zonder problemen hulp. Bij een mentaal probleem, in geval van een geestelijk lijden, kan het even noodzakelijk zijn hulp te zoeken.

Bij een depressie of fobie zijn er vaak schaamtegevoelens. U vindt het een teken van zwakte, als u uw emoties niet onder controle heeft en als u zich angstig en onzeker voelt. U wilt dan ook zelfstandig en alleen met uw gevoelens in het reine komen. Er is u immers maar al te vaak gezegd: "Laat je niet kennen!"

Angst en trots vormen vaak een emotionele barrière, waardoor u uw problemen niet zo goed kenbaar durft te maken. Bang, omdat de ander dan misschien op u zal neerkijken of het niet zal begrijpen. Trots, omdat het zoeken van hulp en begrip inhoudt, dat u uw eigen kwetsbaarheid laat zien.

Mensen, die hun problemen alleen willen oplossen, hebben de grootste kans vast te lopen. Het kunnen en durven praten over wat u bezig houdt, over uw zorgen en angsten is het beste medicijn voor alle zielekwalen. Het probleem-oplossend vermogen van mensen wordt explosief groter, wanneer ze een luisterend oor en een beetje begrip zoeken.

Veel mensen bouwen een muurtje om zichzelf heen en hopen in hun hart dat iemand dat af zal breken. Dat valt meestal tegen. Immers, ongevraagde hulp is zelden welkom en de kans op afwijzing is vrij groot. Maak uzelf geen illusies over het aanvoelingsvermogen van anderen. Kruip niet in een slachtofferrol door passief te blijven wachten. Neem zelf initiatief en heb het lef en het vertrouwen, dat anderen kunnen en willen helpen als u dat op een goede manier aangeeft.
Probeer niet eenzaam en alleen te strijden. Samen gaat het beter.

Maandag 4 januari
Nadat ik gisteren geschreven had, voelde ik me zo slap en rot en had behoefte om te praten. Ik heb naar Diane gebeld en ben naar haar toe gegaan. We gingen dus met zijn tweeën aan de praattafel in de keuken zitten. Ik heb toen eerst wat zitten janken en begon toen te vertellen over al mijn onzekerheden, dat ik me zo rot voelde en dat ik gefrustreerd was over het feit , dat alles niet zo vordert, als ikzelf wil. Dat ik hier moeite mee heb en daar moeite mee heb. Een hele klaagzang. Ze heeft me aangehoord en geprobeerd alles op de rij te zetten. Dat ik echt niet raar was met mijn gevoelens en gedachten. Dat ik de laatste

tijd best wel druk was geweest en dat het heel gewoon was dat ik ook een terugslag kreeg. Dat ik het allemaal niet alleen hoefde te doen, dat het goed was erover te praten en me niet op moest zitten te vreten. Ik moest me een beetje terug laten zakken, wat ruimte nemen en me bewust zijn van de kleine dingen van het leven, zodat het de moeite waard bleef om door te gaan. Het ging juist de laatste maanden zo goed en ze had er bewondering voor hoe ik bezig was. Het gaat met vallen en opstaan en zo was zij ook bezig. Het is soms gewoon erg moeilijk.

Er is een fundamentele behoefte in ieder mens: Weten dat er iemand achter je staat om ervaringen en gevoelens te delen en je op te vangen. Iemand bij je willen hebben die er speciaal voor jou is. Je hebt dus geen behoefte aan oppervlakkig gezelschap en visites, waarbij je je toch nog eenzaam en paniekerig voelt. Je hebt behoefte aan warmte, begrip, steun, iemand die je hand vasthoudt, iemand met de arm om je heen, die luistert, alleen maar daar is, je troost, bemoedigt en ondersteunt. Een goede supporter weet wat u wel en niet nodig heeft, waar u wel en geen behoefte aan heeft.

Een slechte supporter is een bemoeial, die je gevraagd en ongevraagd voortdurend adviezen en commentaar geeft. Hij is een betweter, die de bal van je afpakt en je vervolgens wil laten zien, hoe je moet spelen.

Het meest wezenlijke kenmerk van een goede supporter is dat je je verzekerd voelt van zijn sympathie. Hij blijft achter je staan, niet alleen als je wint, maar vooral als je verliest. Een goede supporter heeft vertrouwen in je en laat jou je eigen wedstrijd spelen. De echte supporter leeft met je mee, heeft respect, waardeert je en wil dat je de wedstrijd op jouw manier speelt. Met een goede supporter erbij speelt iedereen beter.

Contact met lotgenoten

De angst voor onbegrip is minder aanwezig als u onder lotgenoten bent Als mensen dezelfde narigheid meemaken geeft dit een band, een gevoel van lotsverbondenheid. Vriendschappen voor het leven worden gesloten in ziekenhuizen, revalidatiecentra en gevangenissen. Dat is ook het voordeel van patiëntenverenigingen en zelfhulpgroepen. De alcoholist, die zich aansluit bij de anonieme alcoholisten, wordt daar serieus genomen en vaak hard en eerlijk aangepakt. Maar hij blijft wel gevrijwaard van allerlei goedkope adviezen en moraliserende priet-praat. Integendeel, er is begrip, omdat er kennis is. Ervaringskennis over wat alcoholisme is, hoe verwoestend en allesomvattend en hoe moeilijk het is je aan de greep van alcohol te ontworstelen.

Hetzelfde geldt voor mensen met pijn en handicap. De patiëntenvereniging Pijn - Hoop stelt terecht: Men lijdt de meeste pijn aan de pijn van het niet begrepen zijn. Veel onbegrip bij de directe omgeving, maar ook bij hulpverleners. Cynisme en ongeloof dat je bijna tastbaar voelt.

Het uiten van emoties

Maak uw angst en onzekerheid kenbaar. Dale Carnegie, die talloze cursussen heeft gegeven over spreken in het openbaar, maakt melding van een cursist, die geweldig angstig was tijdens zijn toespraak over spreekangst. Hij loste dit op door zijn publiek te vragen: “Wie heeft er angst, wanneer hij een lezing moet houden?” Bijna iedereen stak zijn vinger op. “Om u de waarheid te zeggen, zo voel ik me nu ook”. Gelach, begrip en herkenning. Gevolg: minder angst.

Mensen verschillen in de mate waarin ze geneigd zijn de spanning te laten oplopen. Kwetsbaar zijn vooral diegenen, die zoveel mogelijk alleen hun problemen willen oplossen, die zich niet gemakkelijk uiten en die veel waarde hechten aan hun onafhankelijkheid. Zij hebben de neiging spanningen en emoties te veel op te kroppen.

Bespreekbaar maken

Emoties worden niet direct minder wanneer we leren praten over emoties, over angsten, over gevoelens van haat en wrok, over verdriet.

Aanvankelijk nemen ze zelfs toe. Dat is ook de reden waarom mensen het liefst het onderwerp uit de weg gaan. Er is lef voor nodig de angsten bespreekbaar te maken, het vraagt een zeker risico nemen, vertrouwen geven in een ander, je kwetsbaar opstellen.

Praten werkt alleen als dit regelmatig gebeurt op de juiste tijd, op de juiste plaats en met de juiste persoon en niet te vaak en niet te lang.

Regelmatig:

Bijpraten voorkomt dat je moet uitpraten. Bijpraten is op tijd, uitpraten te laat. Regelmatig praten voorkomt dat de ergernis en de frustraties te hoog opgelopen. Ze kunnen dan nog rustig aan de orde worden gesteld en er is dan ook nog oog voor wat wel goed gaat.

De juiste tijd:

Moeilijke zaken kunt u het beste aan de orde stellen als u zich goed en uitgerust voelt. Voor veel mensen is 's morgens daarom beter dan 's avonds.

De juiste plaats en omgeving:

Hoe beter de sfeer, hoe groter de kans dat genezende en helende krachten de overhand krijgen op destructieve emoties. Het gaat erom waar u zich het meest op uw gemak voelt. Waarom zou u niet een gezellig dineetje kunnen organiseren? Als het zakenmensen helpt, kan het u zeker helpen. De meeste mensen spelen beter een thuiswedstrijd dan een uitwedstrijd. Neutraal terrein kan echter ook heel veel voordelen hebben.

De juiste persoon:

Tenslotte is de persoon belangrijk met wie u praat. Dit kan een vriend/vriendin of therapeut zijn, die u vertrouwt en waarbij u zich op uw gemak voelt. Iemand die goed kan luisteren en over inlevingsvermogen beschikt, iemand waar rust van uitgaat en die een niet te sterke emotionele band met u heeft.

Het rustig spreken maakt dat uw emoties en de feitelijke gebeurtenissen minder verweven worden, waardoor u helderder kunt denken en meer afstand kunt nemen van hetgeen u overkomen is. U kunt dan zaken op verschillende manieren bekijken en dingen zien die u eerst niet zag, omdat u te veel in uw emoties verstrikt zat. Praten alleen helpt dus niet. Het is de manier van praten die het doet en de manier van denken die daar weer het gevolg van is; die maakt of er meer rust, meer acceptatie, meer vrede en meer afstand komt.

Mensen kunnen de meest afschuwelijke zaken voor kennisgeving aannemen als het een ander is overkomen en men er zelf niet emotioneel bij is betrokken. De zaken liggen anders als we zelf emotionele schade oplopen. Als we dan onze emoties niet leren te hanteren, gaan we er aan ten onder.

Afrekenen met alle angsten en zorgen maakt een verbazingwekkende hoeveelheid kracht los, die in u onbewuste gevangen zat. U kunt deze kracht vrijmaken door uw emoties naar buiten te brengen in het licht van het bewuste en door uzelf en uw fouten te accepteren.

Hulp vragen

In tal van situaties vinden mensen het heel logisch en vanzelfsprekend een beroep te doen op een deskundige. Met gezondheidsklachten ga je automatisch naar de dokter. Voor een financieel probleem ga je naar een boekhouder of een accountant. Als je je huis wilt verkopen, zoek je een goede makelaar.

Zodra mensen echter een ernstig emotioneel probleem hebben, zoeken ze niet gemakkelijk deskundige hulp. Men is van mening dat je een emotioneel probleem zelf hoort op te lossen. Het is zwak als je daarbij deskundige hulp inroept. Wat weten die zieleknijpers nou van jouw probleem; wat kan hun bijdrage zijn als het feitelijk onoplosbaar is. Als het oplosbaar was, dan had je zelf al lang de sleutel gevonden.

Het dient benadrukt te worden dat er zeer bekwame psychologen en therapeuten zijn. Zoals bij elk vak zijn er echter ook minder goede. Een bekwaam therapeut is in staat de patiënt te genezen van zijn angst, is in staat hulp te bieden bij het herstel van relaties. Een bekwaam therapeut kan in veel gevallen voorkomen dat gezinnen als gevolg van conflicten uit elkaar vallen.

Hoe komt u echter aan een goede therapeut? Vraag het uw huisarts, vraag het bij de afdeling personeelszaken of uw bedrijfsarts en win vervolgens informatie in. Ga niet met een willekeurige therapeut in zee. Vraag eerst hoe hij denkt, hoe hij werkt, wat zijn aanpak is. Als de therapeut niet helder kan vertellen hoe hij werkt, ga dan niet met zo'n wazig figuur in zee. Zowel goede als minder goede ervaringen moet u altijd melden aan uw huisarts en als een dergelijke therapeut bij een instantie werkt, is het ook dringend gewenst zowel de goede als de minder goede ervaringen te melden bij de leiding van een dergelijk bureau. Vraag ook rustig naar de ervaring en de kwalificaties van de psycholoog.

Samenvatting

Door angstproblemen kunt u in een isolement geraken. U heeft behoefte aan rust, u wilt liever niet geconfronteerd worden met lastige vragen en u piekert steeds meer. Het overwinnen van valse schaamte, het bespreekbaar maken van uw angstprobleem is de belangrijkste stap bij het doorbreken van uw isolement. Hiervoor heeft u lef nodig.

U heeft tegenstrijdige gevoelens. Aan de ene kant voelt u zich eenzaam en heeft u behoefte aan gezelschap; aan de andere kant zijn anderen u snel te veel en wil u zich als gevolg van scheidingsangst liever niet te veel binden. Anderen kunnen en mogen zich niet te veel verantwoordelijk voelen voor uw moeilijkheden. U kunt uw eigen problemen oplossen als u anderen daar op een verantwoorde wijze bij betrekt. U heeft tijdelijk wat extra steun en veiligheid nodig.

Als er een goede onderlinge communicatie is, dan zijn uw problemen niet slecht, noch voor u, noch voor uw partner, noch voor uw kinderen. Het gezamenlijk zoeken naar oplossingen geeft een gevoel van saamhorigheid. Ook intiem contact kan bedreigend worden. Toch is warmte, voelen dat de ander van u houdt, een belangrijk therapeuticum.

Stel u kwetsbaar op en maak duidelijk waar u wel en geen behoefte aan heeft, wat u wel en wat u niet helpt. U heeft geen behoefte aan adviezen, u heeft behoefte aan support. Samen gaat alles beter. Het bespreekbaar maken van uw angsten geeft lucht. Doe dit regelmatig, kies daarvoor de juiste tijd, de juiste omgeving en de juiste persoon. Vraag hulp!

Stap 5 Samen gaat het beter.

Vragen

1. Bent u door uw angst in een isolement geraakt?

2. Wat maakt het voor u moeilijk uw angstproblemen gewoon aan anderen kenbaar te maken?

3. Waarom laat angst zich niet wegredeneren?

4. Wat voelt u als anderen u trachten op te beuren?

5. Heeft u seks met uw partner of voor uw partner?

6. Welke eigenschappen kenmerken een goede supporter?

7. Is kritiek van anderen leerzaam?

8. Is zelfkritiek positief?

9. Waarom is het belangrijk over uw angst en uw onzekerheden te praten?

10. Met wie, wanneer en hoe kunt u het beste over uw angst praten?

11. Is het verantwoord dat u uw negatieve kanten en uw zwakheden accepteert?

12. Is het voor anderen acceptabel dat u angstig bent?

Huiswerkopdrachten

Maak een lijst van familieleden, vrienden en kennissen.
Geef met een + aan met wie u meer contact zou willen hebben.
Geef met een - aan met wie u minder contact zou willen hebben.

Met wie wilt u telefoneren, met wie wilt u schrijven, wie wilt u bij u thuis ontvangen, bij wie wilt u op visite? Maak een schema.

Geef aan wat u van wie verwacht:
Acceptatie, begrip, gezelligheid, een goed gesprek, hulp, support, afleiding, humor, enz.

Les 6 Zelfvertrouwen

Inleiding

Pas als u uw vertrouwen kwijt bent, dan realiseert u zich wat vertrouwen feitelijk voor u betekent. Vertrouwen is de kurk waarop u drijft. Vertrouwen in anderen, vertrouwen van anderen en vertrouwen in uzelf. Vertrouwen is net als de lucht, die u inademt. Het is heel vanzelfsprekend en u denkt er niet over na, totdat u geen lucht meer krijgt en dreigt te stikken. Wat zuurstof is voor het lichaam, dat is vertrouwen voor de geest. U kunt uw vertrouwen zomaar ineens kwijt zijn, maar u heeft het niet zomaar ineens terug. Daarom is het van groot belang te weten hoe u uw vertrouwen kunt kwijt raken en op welke manier u het terug kunt krijgen.

Uw zelfvertrouwen hangt op de eerste plaats samen met uw lichamelijke en geestelijke conditie, met uw draagkracht en belastbaarheid. Uw zelfvertrouwen hangt vervolgens samen met veiligheid en met de kwaliteit van uw leefomgeving. Tenslotte is uw zelfvertrouwen afhankelijk van de mate waarin u uw situatie kunt beïnvloeden.

Er is een sterke relatie tussen lichamelijk gezond en fit zijn en mentale veerkracht. Als uw lichaam goed functioneert, als u een goede conditie heeft en als u zich goed kunt ontspannen, dan is zelfvertrouwen een vanzelfsprekendheid. Uw zelfvertrouwen kan plotseling worden ondermijnt door een ernstige ziekte of een ongeluk. Traumatische ervaringen trekken het fundament onder u weg, uw gevoel van veiligheid en vertrouwen verdwijnt en u heeft daarna voortdurend het gevoel op uw hoede te moeten zijn. Wat er gebeurd is, kan nogmaals gebeuren. U bent zich pijnlijk bewust van de broosheid van het leven.
Uw zelfvertrouwen kan ook langzaam worden afgebroken als gevolg van spanningen en overbelasting. De met overbelasting gepaard gaande zorgen en angsten sturen uw energiehuishouding in de war. Dat is heel beangstigend. U raakt daardoor uzelf kwijt.

Soms komen daar dan nog paniekaanvallen bij. Dergelijke ervaringen kunnen funest zijn voor uw zelfvertrouwen.

Gerard R. was hoofd personeelszaken, een boom van een kerel en een nuchtere, degelijke Twentenaar. Bij de afwikkeling van mijn sollicitatie kwam ik met hem in gesprek. Hij vertelde mij dat hij lange tijd niet veel op had gehad met psychologen. In de textiel had hij voor de heetste vuren gestaan, spanningen rond bedrijfssluitingen, onderhandelingen met de vakbonden en de ondernemingsraad, niets leek hem te veel te zijn. Totdat langzaam maar zeker een dodelijke vermoeidheid zich van hem begon meester te maken; alles werd bedreigend, alles leek op hem af te komen. En toen plotseling sloeg de paniek toe, terwijl hij in de stad fietste kreeg hij een hevige pijn op de borst, begon te zweten, kreeg hartkloppingen en raakte volledig achter de adem. Hij kon nog met moeite zijn fiets tegen een muur aangooien en ging in een draf naar huis. Eenmaal veilig thuis zakte langzaam de paniek. Zijn zoon moest zijn fiets ophalen. Daar lag hij als oud vuil op de bank, de man die het personeel massaal had opgevangen en toegesproken, individuen had getroost en bemoedigd. Ze moesten hem nu eens zien. 'Ik heb er veel van geleerd', vertrouwde hij mij toe. 'Ik heb veel meer respect gekregen voor mijn vrouw en mijn gezin. Ik ben milder geworden. Ik weet nu wat overspannen zijn is. Het kan iedereen overkomen.'

Vertrouwen en zelfvertrouwen kunnen door zo'n ervaring in één klap verdwijnen. Het afbraakproces gaat snel. In één klap kan een huis worden opgeblazen. Het opruimen van het puin en het opnieuw opbouwen van het huis duurt lang. Het terugkrijgen van het vertrouwen is een langzaam opbouwproces.
In de lessen over inspanning en ontspanning heeft u geleerd hoe u uw lichamelijke en geestelijke draagkracht kunt vergroten. U heeft energie en kracht nodig om te kunnen bouwen. Uw draagkracht vormt het fundament waarop het bouwwerk van zelfvertrouwen kan komen te staan. Als het fundament niet goed is, kunt u wel iets moois en groots bouwen, maar het blijft een reus op lemen voeten.
Om te kunnen bouwen heeft u dus op de eerste plaats energie en conditie nodig, vervolgens is een veilige en vertrouwde omgeving belangrijk en tenslotte heeft u een ontwerp en een bouwplan nodig.

Veilig leefklimaat

Vroeger had ik thuis een aquarium. Als de vissen ziek werden, dan gaf mijn vader mij de raad eerst naar het water te kijken. De zuurgraad en de temperatuur moesten een bepaalde waarde hebben en het water moest helder en schoon zijn. Vissen hebben voldoende licht, ruimte, warmte en zuurstof nodig. Zolang dat niet in orde is, heeft het geen zin ze pillen of injecties te geven.

Niet alleen voor dieren, maar ook voor mensen geldt dat het leefklimaat mede bepaalt of ze kunnen groeien of niet. Anders dan bij de dieren kunnen wij voor een belangrijk gedeelte ons eigen leefklimaat beïnvloeden. - In de ene omgeving kunnen we gedijen en in de andere niet. Thuiswedstrijden worden vaker gewonnen dan uitwedstrijden. In een vertrouwde, veilige omgeving lukt alles beter. In een onbekende, vijandige omgeving falen we, omdat de onzekerheid en de angst ons denken en ons functioneren blokkeren.

De eerste basisbehoefte van de mens is veiligheid. Allerlei maatregelen zijn gericht op veiligheid. We beschermen ons huis en goed tegen inbraak en diefstal en voorzien onze have en goed met sloten en alarminstallaties. We vinden het prettig als er veel 'blauw' op straat is. We verdedigen met douane, met leger en met bondgenootschappen ons nationale goed. We hebben wetten, regels en een onafhankelijke rechterlijke macht, die ons beschermen tegen willekeur. We hebben een CAO, een ziektekostenverzekering en een pensioenregeling. We bouwen kerken, houden diensten en bidden, omdat een religieus bewustzijn ons doet verlangen naar de bescherming van een bovennatuurlijke macht. In onze relatie beloven we elkaar eeuwig trouw in goede en slechte dagen.

Al deze maatregelen zijn goed en nuttig, maar niet voldoende om een gevoel van veiligheid te krijgen. Als u zich namelijk van binnenuit niet zeker voelt, kunt u echter alle maatregelen van de wereld nemen, maar uw gevoel van onveiligheid blijft. Alle sloten op de deur halen uw angst niet weg.

Zekerheid betekent *kunnen leven met onzekerheid.* Dat is zo belangrijk dat het goed is het te herhalen: Zekerheid is kunnen leven met onzekerheid.

Onzekerheid is de drang voortdurend zekerheid te willen hebben. Controle op controle op controle.
Dus heeft vertrouwen aan de ene kant te maken met de omgeving en is het goed om aan veiligheid in de omgeving te werken. Anderzijds heeft vertrouwen te maken met innerlijke rust, vertrouwen in uzelf en kunnen en willen leven met onzekerheden.
U zult de neiging hebben het accent bij angstbestrijding te veel op de omgeving, op externe factoren te leggen. Uw leefklimaat wordt niet alleen bepaald door hoe de omgeving met u omgaat, maar vooral door hoe u met uzelf omgaat.

Als u uw zekerheden kwijt bent, uw eigen identiteit hebt verloren, uzelf kwijt bent, dan is het logisch dat u bij anderen steun zoekt. U weet niet meer wat u moet doen; u weet niet meer wat u moet denken en u weet niet meer wat u moet vinden. U wilt zekerheid. U kunt er geen onzekerheden meer bij hebben; u wilt niet falen; u wilt geen fouten maken en u wilt het goed doen. U wilt niet zwak zijn, niet kwetsbaar en niet emotioneel. Hoe harder u probeert tegen uw zwakheden te vechten, des te sterker worden ze.

Dat betekent dat vertrouwen niet op de eerste plaats met *extern* te maken heeft, met de omstandigheden, met hoe anderen naar u kijken en met wat anderen van u vinden, maar vooral met *intern,* met hoe u tegen uzelf, met hoe u naar anderen en naar uw omstandigheden kijkt.
Wat u ook doet bij uw streven naar veiligheid, het helpt alleen als u weet, dat niet alleen uw omgeving, maar dat vooral uw zelfbeeld van invloed is op uw zelfvertrouwen.

Wat u kunt doen, is een klimaat en een sfeer scheppen, waardoor genezing van angst en herstel van zelfvertrouwen min of meer automatisch kunnen plaatsvinden. Voor dat klimaat kan de omgeving een bijdrage leveren, maar de belangrijkste bijdrage zal uw eigen inbreng moeten zijn.
Vraag uzelf af:
- Jaagt de omgeving mij op? Of: Laat ik mij opjagen? Of: Jaag ik mijzelf op? Gun ik mijzelf wat rust?
- Eist de omgeving veel van mij? Of: Hoeveel macht heb ik anderen gegeven? Of: Eis ik veel van mijzelf? Gun ik mijzelf wat ruimte?

- Vindt de omgeving mij niet goed genoeg? Of: Wat wil ik bewijzen, voor wie? Gun ik mezelf wat warmte?
  Zelfvertrouwen krijgt u alleen terug als u van uzelf zwak mag zijn, als u van uzelf mag falen, als u uzelf accepteert zoals u nu bent.
  Veiligheid, vrijheid en warmte zijn noodzakelijke levensvoorwaarden.
- Veiligheid en geborgenheid geven u de rust waarin u uw accu kunt opladen.
- Vrijheid zorgt ervoor dat u gewoon lekker uzelf kunt zijn met uw eigen waarden en normen, met uw eigen mogelijkheden en onmogelijkheden en met uw eigen mening en inzichten.
- Warmte geeft u het gevoel dat u kunt en mag genieten van acceptatie, begrip, medeleven en liefde.

Met veiligheid, vrijheid en warmte kunt u uw leven gewoon simpel maken en het waardevolle van het alledaagse herontdekken.

Minderwaardigheidsgevoelens

Het is logisch dat u als gevolg van uw verminderde lichamelijke en mentale belastbaarheid minderwaardigheidsgevoelens krijgt en neerslachtig wordt. In geval van een negatief zelfbeeld en depressiviteit kunt u zich het beste aan de volgende richtlijnen houden:

- Zoek niet naar oorzaak of schuld. Het gaat er niet om hoe u aan uw klachten komt. Het gaat er om hoe u van uw klachten afkomt.
- Aanvaard dat u weinig kunt en dat u zich ellendig voelt. Hoe harder u vecht en knokt, des te harder gaat u achteruit.
- Neem elke dag zoals deze komt. Zet uzelf niet onder druk en maak u dus niet te veel zorgen over de tijd. Genezing en herstel vragen tijd. Verbind geen tijdslimiet aan uw ziek-zijn. Zeg niet: over vijf maanden wil ik beter zijn. Dat werkt averechts.
- Realiseer u dat lichamelijk lijden beter is te dragen dan geestelijk lijden. Niemand neemt een reumapatiënt kwalijk dat hij ziek is, ook de patiënt zelf niet. Mentale klachten vragen begrip; verwijten uit de omgeving en zelfverwijt vertragen het genezingsproces.
- Angst en eenzaamheid horen bij depressiviteit zoals koorts bij griep.
- Raak niet in paniek, zwem niet tegen de stroom op; berusting en overgave bevorderen spontaan herstel.
- Depressieve gevoelens komen en gaan. Het enige dat u kunt doen, is wachten en geduld hebben. U kunt niets afdwingen.

- Meer dan bij fysiek lijden voelt u bij geestelijk lijden hoe broos en zwak u bent.

Angst geeft heel veel extra spanning en daar kunt u letterlijk ziek van worden. Soms geven mensen u het etiket: overspannen. Dat klinkt negatief. Misschien is opgebrand een beter woord.

Wanneer u bent afgeknapt, dan heeft u dus allereerst behoefte aan een veilige omgeving om weer een beetje te kunnen herstellen. Het is belangrijk dat u zichzelf de veiligheid, rust, ontspanning en afleiding gunt, die u nodig heeft voor herstel.

Bij het ontstaan van angst en onzekerheid spelen ook denkpatronen een belangrijke rol. Gaat u voor uzelf maar eens na, hoe u denkt. Soms hebben we ons heel vreemde, onlogische gedachtenpatronen eigen gemaakt. Denkbeelden, die ver staan van de realiteit en die ons verhinderen de doelen te bereiken, die we ons gesteld hebben.

Visie

U denkt misschien: Als mijn jeugd gelukkiger was geweest, als mijn partner meer begrip had, als ik die baan maar had gekregen, dan was ik gelukkiger geweest, dan had ik me beter gevoeld. Vervolgens bent u ongelukkig en misschien wel verbitterd. U maakt echter een denkfout. Het verleden, uw omgeving en anderen zijn NIET verantwoordelijk voor uw emoties. Gelukkig maar. U kunt immers uw verleden niet veranderen, u kunt uw omgeving niet veranderen en u kunt anderen niet veranderen. U bent zelf verantwoordelijk voor uw emoties. Gelukkig kunt u uzelf wel veranderen! Nogmaals: Uw verleden, uw omgeving, anderen zijn *niet* verantwoordelijk voor uw angst en uw emoties. De wijze waarop u *kijkt* naar uw verleden, naar uw omgeving en naar anderen, bepaalt hoe u zich voelt. De manier waarop u naar gebeurtenissen, feiten en personen kijkt, kunt u veranderen.

"Twee mannen zaten in een stikdonkere cel;
de één keek omhoog, zag sterren, ze schitterden fel;
de ander omlaag, zag modder, slechts kommer en kwel;
toch keken zij beiden door de tralies van dezelfde cel."

De angst zit niet in de omgeving, de angst zit in uzelf. De angst in u maakt de omgeving bedreigend. Het is de angst voor de angst, die leidt tot paniek. U gaat catastrofaal denken. Catastrofes zijn angstaanjagend.

Zekerheid komt eigenlijk op den duur alleen van binnen uit en nooit van buiten. Hoe kijkt u? Gaat u ervan uit dat uw situatie uitzichtloos is, niet te beïnvloeden? Beschouwt u uzelf als hulpeloos slachtoffer, overgeleverd aan de willekeur van anderen? Ziet u uzelf als waardeloos, koestert u schuldgevoelens? Negatief denken roept allerlei angsten en onzekerheden op. U ziet de ene rampspoed na de andere gebeuren:

* Uw lichaam lijkt de meest afgrijselijke ziekten aan te geven, ook al geven onderzoeken daar geen bevestiging van;
* U ziet uzelf de ene na de andere blunder begaan;
* U hoort mensen de meest onaangename dingen zeggen, waar u totaal geen verweer tegen hebt;
* U ziet tegen alles op als een berg, terwijl het achteraf vaak allemaal reuze meevalt. U vraagt uzelf met verbazing af: Heb ik me daar nu zo druk over gemaakt?

Kunt u deze manier van kijken wijzigen? Lukt het u op den duur van negatief naar meer positief of nog beter naar meer realistisch denken over te gaan? Ieder mens heeft verborgen krachten en talenten; waarom zou u een uitzondering zijn?

Houden van jezelf

Liefde, respect en acceptatie leiden tot groei. Het is daarom belangrijk dat u ook een beetje van uzelf houdt. Alleen dan kunt u weer groeien en opbloeien als u voldoende sympathie voor uzelf heeft en als u uzelf accepteert en respecteert. Iedereen heeft recht op acceptatie en respect. Als u uzelf accepteert en respecteert, wordt het voor anderen ook gemakkelijker dat te doen. Bepaalde vooroordelen ondermijnen uw zelfrespect, zoals:

- Liefde, genegenheid en respect zijn niet vanzelfsprekend.
- Wie meer kan, is meer.
- Jong, aantrekkelijk en knap is voorwaarde voor liefde.
- Liefde en respect moet je verdienen door te presteren.
- Je moet zorgen dat je beter bent dan anderen.
- Wat anderen denken en zeggen is heel belangrijk.
- Hulp vragen is zwak, hulp geven is goed.
- Zelfkritiek is goed, jezelf prijzen maakt je verwaand.
- Op de voorgrond treden is slecht.

- Niet klagen, maar dragen; de wijste zijn.
- Doe gewoon, doe geen gekke dingen.

Als u zichzelf de moeite waard gaat vinden, dan bent u ook weer in staat in uzelf te investeren. Als u een zaak heeft en u investeert niet of onvoldoende, dan gaat uw zaak vroeg of laat failliet. Als u een relatie heeft en u investeert langere tijd niet in die relatie, dan heeft u op een gegeven moment geen relatie meer. Als u niet in uzelf investeert; als u alleen maar geeft; als u er alleen maar voor anderen wilt zijn, dan kan het gebeuren, dat u op een gegeven moment leeg bent; dat u helemaal opgebruikt en afgebrand bent. U heeft dan niets meer weg te geven. Alles is u te veel, u ziet overal tegenop en u vindt zichzelf een last voor uzelf en de omgeving. Het enige dat voor u dan nog belangrijk is en waarin al uw energie gaat zitten, is de vraag: 'Hoe houd ik mijn hoofd boven water?'

Wees uzelf

Als u op een goede manier van uzelf houdt, dan leidt dat tot vertrouwen en durf. Als u uzelf ziet als beminnenswaardig, dan mag u dus fouten en tekortkomingen hebben. U accepteert uzelf immers zoals u bent en u bent, net als alle andere mensen, niet volmaakt. Gebrek aan acceptatie, minderwaardigheidsgevoelens (ik moet meer, ik moet anders zijn dan ik ben) leiden tot angst.

Van jongs af heeft u misschien te horen gekregen: Zorg ervoor, dat je een goede indruk maakt, denk om de buren, wat zal de familie daarvan zeggen en zo voorts. Onbewust gaat dit een eigen leven leiden. Vergelijk uzelf niet met anderen. U bent een absoluut uniek individu. Zoals u bent, loopt er maar één rond op de hele wereld. Zelfs iemand die geliefd is en in hoog aanzien staat, kan door zich met anderen te vergelijken diep ongelukkig worden. Miljoenen mensen op de hele wereld hielden van Princes Diana. Helaas vond Diana zelf dat ze niet goed genoeg was.

Iedereen zei: "O, is zij niet geweldig? Een frisse wind, goddank kun je meer met haar lachen dan met Diana." Dus Diana luisterde en las elke zin. Ik voelde me vreselijk onzeker. Ik dacht dat ik net zo moest zijn als Fergie, en mijn man zei: 'Ik wou dat jij net was als Fergie, zo vrolijk. Waarom ben jij altijd zo neerslachtig? Waarom kun je niet net zo zijn als grootmoeder?' ... Ik heb zoveel flaters geslagen bij mijn pogingen net zo te zijn als Fergie. Ik ging naar een con-

cert van David Bowie in een leren broek, want ik dacht dat dat de juiste kledij was, en vergat daarbij dat ik de toekomstige koningin was, en toekomstige koninginnen dragen geen leer in het openbaar. Dus ik dacht dat ik helemaal 'bij' was, dat ik me helemaal gedroeg zoals dat bij mijn leeftijd paste. Ik werd erg jaloers en zij werd jaloers op mij. Ik begreep het niet, ze genoot zelfs van waar ze was, terwijl ik moest knokken om te overleven. Ik begreep niet hoe het mogelijk was dat zij het zo gemakkelijk vond. Ik dacht dat zij net als ik zou worden en haar hoofd zou buigen en verlegen zou worden. Nee, het was een heel andere persoonlijkheid, en ze won iedereen binnen de familie voor zich en deed het heel goed. Ze maakte dat ik er uit zag als een stuk oud vuil.
(Cit. Uit: Diana, In haar eigen woorden, Andrew Morton pag. 58)

Als u vindt dat u anders en beter moet zijn dan u bent, dan zult u automatisch veel met uzelf bezig zijn. U loopt op uw tenen en u gaat heel hard uw best doen, opdat anderen u maar aardig zullen vinden. U vergelijkt uzelf voortdurend met anderen. U wordt bang voor falen en tekortschieten, omdat u bang bent dat u anders anderen kwijt raakt. U hoopt door heel hard uw best te doen dat u mag blijven. U probeert 'liefde' te verdienen. Verdiende liefde, betaalde liefde, is geen liefde!

Uw 'waarde' wordt niet bepaald door wat u *kunt*, wat u **doet** of wat u *hebt.* Liefde, respect en genegenheid kunt u niet *verdienen.* Het gaat er niet om wat u doet. Waar het om gaat is wie u *bent* en wie u *wilt zijn.* U hoeft niet beter te zijn dan anderen en ook niet even goed.

Als u vindt dat u waardevol bent, dan kunt u tegen uzelf zeggen:
- Mijn situatie is niet verantwoordelijk voor mijn geluk, dat ben ik zelf (niet mijn uiterlijk, lengte, IQ, inkomen, gezondheid, werk, NIETS)
- Wat anderen denken is onbelangrijk, het gaat erom wat ikzelf denk en vind.
- Hoe ik me voel en hoe ik denk, bepalen hoe de omgeving reageert, niet omgekeerd.
- Hoe ik me wil voelen en hoe ik wil denken, bepalen hoe de omgeving in de toekomst op mij zal reageren.

Wie wilt u zijn?

Een ongevaarlijke, onbenullige sukkel, zonder eigen mening en opvattingen, die met alle winden meewaait, die iedereen gelijk geeft en het iedereen naar de zin wil maken?	Een zelfbewust, uniek individu, die de zaken op zijn manier doet? Iemand die anderen vertelt wat hij denkt en wat hij van plan is te doen.
Iemand met een slachtoffermentaliteit, die met een gedweeë houding en zwakke stem steeds maar weer goedkeuring blijft vragen en uitleg blijft geven?	Een krachtige persoonlijkheid, die respect afdwingt en anderen recht en vrijmoedig in de ogen kijkt?

Zorg dat u weet wat u wilt. Als u niet weet wat u wilt, dan doet u gewoon wat uw hart u ingeeft. Door gewoon maar te doen, komt u er vanzelf achter wat u echt wilt. Wanneer u een idee heeft, begin daar dan energiek aan te werken. U kunt de architect zijn van uw eigen omgeving. De eerste gebouwtjes zijn misschien nog wat krakkemikkig, maar u kunt zeggen: 'Het zijn in ieder geval *mijn* gebouwtjes, het is *mijn* omgeving, waarvoor ik heb gekozen en waar ik achter sta.'
Het begin is gemaakt, een nieuw avontuurlijk begin van leven op uw eigen unieke manier.

Investeren
Durf en angst komen niet uit de lucht vallen, ze zijn te beïnvloeden. Dat kan alleen als u uzelf accepteert en in uzelf investeert. U gaat iets doen. Niet omdat anderen dat willen of verwachten, maar omdat u dat zelf wilt. U wilt zichzelf ontplooien. Daarvan krijgt u durf.

Durf	**Angst**
Initiatief	Passiviteit
Dadendrang	Uitstellen
Energie	Vermoeidheid
Rust	Onrust
Zekerheid	Onzekerheid
Zelfrespect	Minderwaardigheidsgevoel.

De kern en de oorsprong van moed liggen in het feit dat u zich vrijwillig kunt wijden aan een zaak of zich inzet voor anderen. De kern en de oorsprong van angst liggen in het feit dat u zich te veel met uzelf moet bezig houden om te kunnen overleven. U wilt niet zelfgericht zijn, maar u wordt daartoe gedwongen door onzekerheid en oververmoeidheid.
Een persoon met durf vraagt: 'Wat kan ik betekenen voor de ander, voor de omgeving, voor de zaak?'
Een onzeker iemand vraagt: 'Wat moet ik voor de ander - de omgeving - doen? Wat zullen anderen over mij zeggen, wat zullen ze van mij vinden?'
Uw durf neemt toe wanneer u uw denken weer kunt richten op een ideaal, een doel, op een ander, op iets buiten u. Angst neemt toe als u, gewild of ongewild, bewust of onbewust, te veel met uzelf bezig bent.
Begrijpt u hoe belangrijk zelfacceptatie is, hoe belangrijk het is dat u in uzelf investeert? Alleen dan kunt u er weer zijn voor anderen. Niet omdat u moet , maar omdat u wilt.

Dat mensen verkeerd over u denken of u pijn doen, kunt u niet voorkomen. Risico's zijn inherent aan het leven en risico's kunnen het leven boeiend en interessant maken. U kunt deze risico's echter wel kleiner maken door mensen minder ongewenste macht en invloed over uw leven te geven.

De ander

Wanneer anderen onevenredig veel invloed hebben op uw leven en op uw geluk, dan bestaat de kans dat daar misbruik van wordt gemaakt. Dat is een angstig gevoel.
Zich veilig terugtrekken is een veel voorkomende reactie op machtsmisbruik: 'Ik vertrouw niemand meer, ik ga geen relaties meer aan, ik doe geen zaken meer'. De angst voor een mogelijk nieuwe teleurstelling maakt mensen kopschuw. Het allerveiligste lijkt: Het klooster in. Leven volgens het ascetische principe: Niets begeren is niets ontberen!
Een dergelijke levenswijze 'werkt' alleen als je vrijwillig kiest voor armoede, voor gehoorzaamheid en voor het afzweren van seksuele relaties. Maar dat is alleen voor speciale mensen weggelegd, die daar heel bewust voor kiezen, niet uit angst, niet omdat ze niets anders zouden kunnen, maar omdat ze niets anders willen.
Wat echter als u het kluizenaarsbestaan niet ambieert? Kunt u voorkomen

dat de omgeving, dat anderen de macht over uw leven en uw geluk krijgen en daar vervolgens misbruik van maken?
Er zijn mensen die anderen gebruiken en misbruiken. Er zijn mensen die zich laten gebruiken en misbruiken. Deze twee groepen hebben elkaar nodig. Als anderen gebruik en misbruik van u maken, dan wordt het tijd dat u dat niet meer toestaat. Als u daar nu aan begint, terwijl u zich zwak voelt, dan zal u dat zeker lukken wanneer u zich wat sterker voelt.
Een open boek zijn, gewoon proberen uzelf te zijn, uw sterke kant laten zien, maar van de andere kant uw kwetsbaarheden niet verbergen. Natuurlijk brengt dit risico's mee. In intermenselijke contacten bestaan geen absolute zekerheden. Gelukkig maar, want mensen zijn geen robots. Ze mogen kwaad zijn, de verkeerde dingen zeggen; ze hoeven niet alles te begrijpen, ze mogen gewoon MENS zijn. U ook.
Mensen zijn er voor u als u ze laat voelen dat ze belangrijk voor u zijn, dat u ze nodig wilt hebben. Zo maakt u krachten in uw omgeving los, die nodig zijn voor vertrouwen en veiligheid.

Signalement van zelfvertrouwen

Welke eigenschappen heeft iemand met veel zelfvertrouwen? De volgende eigenschappen zijn kenmerkend voor een persoon met zelfvertrouwen:
* uitstraling, kordaatheid, doortastendheid;
* rust, ontspanning, evenwichtigheid;
* initiatief, vrijmoedigheid;
* incasseringsvermogen, wilskracht, optimisme.

Of iemand zelfvertrouwen heeft, kunt u zien aan iemands gedrag en houding. Het is mogelijk een sterkte-zwakte-analyse te maken op het gebied van zelfvertrouwen en vervolgens kunt u zich dat gedrag proberen eigen te maken, dat uw zelfvertrouwen sterker maakt. Het hier beschreven overzicht van gedragingen kan daarbij een nuttige leidraad zijn.

Zelfvertrouwen	**Verlegenheid**
- begint een gesprek	- wacht af
- zoekt nabijheid	- schept afstand
- doet positieve uitspraken	- doet negatieve uitspraken
- weinig zelfkritiek	- veel zelfkritiek
- vrijmoedig oogcontact	- ontwijkend oogcontact
- soepel, energiek	- krampachtige of slappe houding

- spreekt duidelijk	- spreekt onduidelijk
- voldoende stemvolume	- spreekt te zacht of te hard
- geen moeite met kritiek	- veel moeite met kritiek
- spreekt rustig	- spreekt snel
- geeft fouten toe	- verdedigt en ontkent
- hoopt op succes	- vreest mislukking
- toont emoties	- schaamt zich voor emoties
- geeft dingen uit handen	- doet liefst alles zelf
- vraagt hulp en raad	- probeert alles alleen op te lossen
- kan tegen verlies	- is snel ontmoedigd
- neemt verantwoordelijkheid	- ontwijkt verantwoordelijkheid
- weet wat hij wil	- weet niet wat hij wil
- concentratie	- ongeconcentreerd
- één ding tegelijk	- allerlei zaken tegelijk.

Tips

Alle kleine beetjes helpen, vandaar dat u elke tip kunt gebruiken.

- Zorg dat u er goed uitziet ook als u zich minder voelt. Verzorg uzelf. Kies prettig zittende en goed ogende kleding.
- Blijf relativeren en behoud uw gevoel voor humor. Videobanden met humoristische films of shows kunnen u helpen afstand te nemen van uw dagelijkse sores. Kinderfilms van Walt Disney kunnen ook heel therapeutisch werken. Ze brengen afleiding en positieve emoties. Zorg dat u zich verre houdt van sensationeel nieuws, allerlei actualiteiten. U kunt het wereldleed er een tijdje niet bij hebben.
- U heeft extra veel licht nodig, speciaal met de winterdag. Helder TL-licht als u moet werken en 's avonds, als u gaat ontspannen, sfeerverlichting. Hoe dichter mensen bij de poolcirkel wonen en hoe korter de dagen zijn, des te meer de mensen gedeprimeerd zijn. Donker, vochtig weer werkt deprimerend. Veel licht in uw huis geeft daar een zeker tegenwicht aan.
- Via muziek kunt u soms een geleidelijke verandering van uw stemming bewerkstelligen. Het luisteren naar gevoelige muziek helpt uw eigen leed te aanvaarden. Blues en gospelzang hielpen de slaven in Amerika hun lot te dragen. Marsmuziek en strijdliederen geven moed en vertrouwen. In de strijd van het dagelijks leven kunnen we best wat extra

moed gebruiken. Zet uw walkman op met deze stimulerende muziek als u iets gaat doen wat u angst geeft.
- Koolhydraten zonder toevoeging van iets anders vormen een soort troostvoedsel. Koolhydraten stimuleren de vorming van kalmerende stoffen in de hersenen.U wordt er een beetje duf van. Koffie, nicotine en eiwitrijk voedsel verhogen de prikkelbaarheid. Er is een sterke verband tussen veel roken/koffiedrinken en depressies en angsten.

Geloof in uzelf en zelfvertrouwen komen niet aanwaaien, daar kunt u aan werken. Uw gedrag heeft invloed op uw gevoel.

Assertiviteit

Wanneer u vastloopt in uw werk of in uw relatie, dan kan er een gevoel van verbittering ontstaan. 'Ik doe zo mijn best; ik bedoel het zo goed; waarom reageert mijn omgeving zo beroerd, zo hard, zo negatief? Waarom zijn mensen zo slecht?'

U krijgt in het leven niets voor niets. Zelfs de dood niet, want die kost u het leven. Wat u krijgt, heeft voor een deel te maken met uw eigen opstelling. Stel uzelf eens de volgende vragen, zodat u uw eigen positie kunt bepalen.

Waar staat u?

- Past u zich meestal aan aan de wensen van anderen, ook als u zich daardoor tekort gedaan of verongelijkt voelt?
- Ruimt u de meeste rommel op of doet ieder zijn deel?
- Vindt u dat anderen te veel beslag op u leggen en heeft u te weinig tijd en ruimte voor uzelf?
- Gebeuren er dingen met u of laat u dingen gebeuren? Leeft u of wordt u geleefd?
- Ontvangt u vaak bezoek of ziet u mensen, die u niet wilt zien?
- Hoeveel nieuwe vrienden/kennissen heeft u de laatste twee jaar gemaakt?
- Durft/kunt u waardering (te) vragen voor wat u doet?
- Vindt u het zelf allemaal gewoon wat u doet?
- Moet u een bazig type worden om te voorkomen dat u wordt gebruikt of misbruikt?
- Doet u dingen of laat u ze na, omdat anders anderen het wellicht gek vinden wat u doet of omdat ze misschien kwaad zullen worden?

Al deze vragen komen eigenlijk neer op de fundamentele vraag: Hoeveel macht heeft u aan anderen gegeven? In hoeverre heeft uzelf de verantwoording voor hetgeen u doet, of hebben anderen dat?
Als u zich machteloos voelt, als u bestaande patronen nog moeilijk kunt doorbreken, neem u zelf dat niet kwalijk. U heeft geduld nodig. Verwijt uzelf niet dat u te aardig bent, dat u een hekel hebt aan ruzie, dat u er niet tegen kunt dat anderen kwaad op u zijn, dat u zichzelf voortdurend ondergeschikt maakt aan anderen. U bent misschien bang egoïstisch te worden, wanneer u voor uw gerechtvaardigde belangen gaat opkomen. Gezien al deze begrijpelijke, maar ineffectieve gedachten is het goed helder voor ogen te hebben wat u wilt en wat u niet wilt; wat juist is en wat niet juist is.

Veel mensen kunnen nooit zichzelf zijn en lopen voortdurend op hun tenen. Ze voelen zich gedwongen voortdurend één en hetzelfde stereotype rol te spelen: die van de ideale huisvader of vrolijke vrijgezel of de altijd flinke, opgewekte jonge vrouw. Inwendig komt er een steeds grotere hekel aan het door henzelf gecreëerde verwachtingspatroon. De ideaalrol wordt verstikkend. Ze zitten in een door henzelf opgestelde val.
Anderen spelen een rol puur uit vrije wil, omdat ze die rol leuk en interessant vinden. Ze vinden het ook leuk een breed repertoire te hebben. De kwetsbare, de sterke, de onbezorgde, de romantische, enzovoorts. Verschillende rollen kunnen spelen maakt het leven boeiend; gevangen zitten in één enkele stereotype rol is deprimerend. Het is prettig af en toe gek te kunnen doen, de sleur te doorbreken en iets onvoorspelbaars te doen.

Kinderen voelen zich sterker, als ze zich voorstellen dat ze Tarzan of James Bond zijn. Waarom zou u niet af en toe een beetje kind mogen zijn: onverschrokken kijken, veerkrachtig lopen en energiek gedragen. Lees hardop een gedicht dat gaat over overwinnaars in de strijd. Een patiënte zet op haar zwakke momenten een liedje op van Pete Seeker: 'We shall overcome one day, I know deep in my hart: We shall overcome one day!' (Eens zullen we overwinnen, diep in mijn hart weet ik: eens zullen we overwinnen!). De overtuiging en de stelligheid, waarmee Pete Seeker dit lied zong, maakte ook bij haar krachten los. Het is niet voor niets dat soldaten krijgsliederen zingen en naar marsmuziek luisteren. Zo overwinnen ze hun eigen angst.
Hoe gek het ook klinkt: Het is vaak gemakkelijker de flinke rol te spelen dan de kwetsbare rol. Er is lef voor nodig om te durven zeggen: Ik kan het

niet, ik durf het niet, ik weet het niet, ik heb een fout gemaakt, ik wil graag mijn excuses aan bieden, ik heb heel hard hulp nodig, ik heb een probleem, ik kom er alleen niet uit, ik vindt het heel fijn dat u mij wilt helpen, ik heb een beetje troost en bemoediging nodig, enz. Hiermee zegt u: Ik ben niet zo flink, zo sterk, zo onafhankelijk als ik graag zou willen zijn. Hiermee geeft u niet uzelf, maar de ander het gevoel waardevol te zijn. Als u de kwetsbare rol durft en kunt spelen, is dat het bewijs dat u voor 80% uw zelfvertrouwen terug heeft.

Het liefste doen we iets aan onze angst. Vertrouwen heeft echter heel vaak te maken met niets doen, met loslaten, met luisteren, met gadeslaan, met laten gebeuren. Tot slot het aller moeilijkste: passief durven zijn.

Loslaten

Vrijwillig passief zijn, loslaten, is vaak moeilijker dan actief zijn en vasthouden. Actief zijn dempt gevoelens van pijn en angst. Daarom vluchten veel onzekere, getraumatiseerde mensen in activiteiten. Louter en alleen om niet te hoeven voelen. Als u ook op de loop bent voor uzelf, dan gunt u zichzelf geen rust. U wordt gekenmerkt door ongedurigheid en rusteloosheid. Uw attitude straalt uit: Het gaat niet goed, tenzij ik mij ermee bemoei, tenzij ik de verantwoording neem. Het gevolg is dat anderen zich steeds minder verantwoordelijk gaan voelen en zich steeds onverantwoordelijker gaan gedragen. Er zit voor u dan niets anders op dan meer zaken naar u toe te trekken. Dat kunt u lang volhouden, maar niet onbeperkt. Uw lichaam geeft signalen: pijnklachten, spijsverteringsproblemen, maar daar kunt u geen rekening mee houden, u bent immers onmisbaar. Totdat u afknapt ...

Pieter B. heeft twee zonen, de één is 17 en de andere 19. Beiden hebben een goed verstand, maar op de middelbare school zijn ze steeds slechter gaan functioneren. Als ze niets doen, wordt Pieter onzeker. Hij gaat ze dan op de huid zitten. Met veel druk lukt het hem dan ze toch nog iets te laten doen. Het kost Pieter echter steeds meer moeite ze aan de gang te krijgen. Hij 'moet' het wel honderd keer zeggen, ze voortdurend controleren en ze achter de vodden aanzitten. Als Pieter heel hard zijn best doet, voelt hij zich beter dan wanneer hij passief is. Het gevoel er iets aan gedaan te hebben (ook al is dit niet effectief) sust zijn geweten. Als hij niets doet, voelt hij zich schuldig. Pieter leert op deze manier zijn zonen, dat zij niet verantwoordelijk zijn voor hun studieresultaat, maar dat hun vader dat is. Hij geeft hun de boodschap dat hij ze niet vertrouwt, dat zij niet in staat zijn hun eigen problemen op te lossen. Zolang de zonen van Pieter pas gaan studeren, omdat Pieter dat zo belangrijk vindt, heeft Pieter niets bereikt. Zodra ze gaan studeren, omdat ze dat zelf belangrijk vinden, is er hoop. Wanneer Pieter zich er niet meer mee bemoeit, geeft hij zijn zonen de boodschap: Ik vertrouw erop dat jullie je eigen problemen kunnen oplossen. Hierbij mag je fouten maken, hierbij schiet je soms tekort. Ik vind dat heel vervelend voor jullie, maar het is de enige manier om te leren.

Het vraagt iets van u als u anderen uw vertrouwen wilt geven. Als u zich vooral gedraagt als een kleine zelfstandige, die alles beter weet en alles beter kan en die ervan overtuigd is dat het alleen maar goed kan gaan als hij alles zelf doet, dan dient u zich te ontwikkelen tot een manager. Een manager die anderen inschakelt, die verantwoordelijkheden delegeert. U dient ervan overtuigd te zijn dat andere mensen talenten hebben, die u zelf niet heeft en waarvan u dankbaar gebruik kunt maken. De vraag is: gunt u uzelf dat?

Samenvatting

Vertrouwen is de kurk waarop u drijft. U weet pas wat vertrouwen voor u betekent als u het kwijt bent.
Traumatische ervaringen en paniekaanvallen vagen uw zelfvertrouwen in één klap weg. Overbelasting en de daarmee gepaard gaande zorgen en angsten putten u uit en beroven u langzaam van uw zelfvertrouwen. Er ontstaan minderwaardigheidsgevoelens.
Voor herstel gelden de volgende richtlijnen. Vergroot uw fysieke en mentale draagkracht. U heeft energie nodig. Creëer een vertrouwd klimaat.

Bij grote onzekerheid zoeken we zekerheid bij anderen. Echte zekerheid komt echter niet van extern, maar van intern. Als u volledig twijfelt aan uzelf, dan is het verleidelijk de ander en de omgeving de macht en de verantwoording te geven. Ontwikkel een juiste visie. De angst zit in uzelf. Door uw manier van denken, door uw eigen visie kunt u uzelf opbouwen of afbreken.
De wijze waarop u aankijkt tegen uw verleden, tegen uw omstandigheden, tegen anderen en tegen uzelf maakt u zeker of onzeker. Hoe u kijkt, kunt u veranderen. Zekerheid is weer kunnen leven met onzekerheid.

Een veilige omgeving kan u helpen bij het groeiproces dat u nodig heeft om het vertrouwen in uzelf weer terug te krijgen. Een groeizaam leefklimaat is niet alleen veilig, maar geeft ook ruimte en vrijheid voor experimenteren en een aangename warmte.
Als u neerslachtig bent geworden, gelden de volgende richtlijnen:
- Neem uzelf niet kwalijk dat u moe en kwetsbaar bent.
- Gun uzelf tijd en ruimte voor herstel.
- Zorg voor extra veiligheid en geborgenheid van waaruit u actie kunt ondernemen.

Werk aan het beeld wat u van uzelf heeft, u verdient acceptatie en respect. Geef uzelf wat u nodig heeft. Afbreken is gemakkelijker dan opbouwen. De vraag is: Hoe wilt u uzelf zien? Krachtig en competent of zwak en machteloos? Ziet u uzelf goede dingen doen of voortdurend falen?
Inversteer in u zelf, zodat u er weer voor anderen kunt zijn, zodat u weer wat weg te geven heeft.

De ander kan uw probleem niet oplossen. U heeft de ander nodig voor steun en begrip, niet om u achter te verschuilen en niet voor goedkeuring. De steun en begrip maken dat u beter kunt leven met onzekerheid. Vertrouwen is leven met risico's; uw eigen beslissingen nemen, zowel de goede als de minder goede.

Het vooroordeel dat u liefde moet verdienen, kan ertoe leiden dat u zich laat gebruiken en laat misbruiken. U bent beminnenswaardig niet door wat u doet voor anderen, maar doordat u er voor anderen bent. Kunt u, wilt u en durft u de verantwoording over u eigen leven te nemen? Heeft u die vrijheid? Zit u vast in één rol of kunt u de verschillende kanten van uw persoonlijkheid tot zijn recht laten komen?

Er is een verband tussen zelfvertrouwen, gedrag en emoties. Met zelfvertrouwen beweeg je je vrijer, gedraag je je vrijer en voel je je vrijer. Hoe minder u zich een gevangene voelt van de omstandigheden, hoe meer u zichzelf kunt zijn, des te minder spanning en angst u heeft. Iemand met zelfvertrouwen hoeft zichzelf niet voortdurend te bewijzen, hoeft niet op zijn tenen te lopen en hoeft ook niet aan eenieders verwachtingspatroon te voldoen. Met zelfvertrouwen bent u minder de rol van slaaf van de omgeving en meer die van architect van de omgeving.

Als u waardevol wilt zijn, gedraag u dan als een waardevol persoon: Sta voor kwaliteit en verzorg uw uiterlijk, uw kleding, uw voedsel en uw leefomgeving.

Houden van uzelf is geen egoïsme. Houden van uzelf betekent dat u de voorwaarden schept, waardoor u zowel in uw zwakheid als in uw kracht veel voor anderen kunt betekenen.
Uzelf zijn, betekent passief kunnen zijn. Niet u best hoeven te doen, dingen loslaten en aan anderen overlaten. Het is het verschil tussen de manager en de kleine zelfstandige.

Stap 7 Bouw aan uw zelfvertrouwen.

Vragen

1. Wat verwacht de omgeving van u?

2. Wat verwacht u van uzelf?

3. Gunt u zichzelf alle tijd voor herstel?

4. Vraagt u veel steun en bevestiging?

5. Vindt u het moeilijk raadgevingen en adviezen naast u neer te leggen?

6. Hoe reageert de omgeving als u angstig en depressief bent?

7. Hoe reageert u als u angstig of depressief bent? Wat denkt u, wat doet u en wat vindt u daarvan?

8. Welke onzekerheden kunt u het slechtste verdragen?

9. Welke rol speelt u het beste?

10. Welke rol speelt u het liefste? Hoe kunt u daarmee oefenen?

11. In welke situaties vindt u het moeilijk voor uzelf op te komen?

12. Wat kunt u doen om uzelf het gevoel te geven dat u waardevol bent?

13. Kunt u uw verdriet, uw angsten en uw onzekerheden accepteren of vecht u ertegen?

14. Is van uzelf houden eigenlijk een vorm van egoïsme?

15. Waarom is actief zijn en vasthouden gemakkelijker dan passief zijn en loslaten?

Huiswerkopdrachten

Geef uzelf een compliment in aanwezigheid van anderen.

Vraag een dienst aan iemand, waarbij u niets teruggeeft behalve uw dankbaarheid.

Maak een beschrijving van uzelf, waarbij u aangeeft waarom u beminnenswaardig bent.

Maak uw partner duidelijk wat hij/zij van u wel en niet kan verwachten. Maak ook duidelijk wat u van uw partner verwacht.

Les 7 Gevoelsbeïnvloeding

Inleiding
Chemische stoffen reageren sterker met behulp van een katalysator. Gevoelens kunnen ook werken als katalysatoren. Menselijke reacties kunnen onder invloed van emoties intenser worden. Sommige mensen laden zich via emoties op. Ze maken zichzelf eerst kwaad en bereiken dan meer, omdat ze met hun temperament krachten in zichzelf kunnen losmaken. Ze komen door hun emoties naar anderen sterker en overtuigender over.

Emoties werken positief wanneer u ze doelgericht kunt gebruiken en als u ze onder controle heeft. Gevoelens als vertrouwen, warmte en liefde geven het leven zin en inhoud. Ze zorgen voor een veilig klimaat. Gevoelens van wantrouwen, haat en agressie maken het leven koud en bedreigend. Thuis en op het werk heeft u een klimaat nodig, waarin u uzelf kunt zijn en waarin u kunt groeien. Daarom is het beangstigend als de onderlinge sympathie verdwijnt en irritaties en ergernis de kop opsteken.
Emoties zijn bedreigend als u er geen baas over bent. Dat betekent dat de katalysatoren ongewild en ongewenst hun werk doen, u verteren en verbranden, totdat u letterlijk en figuurlijk bent opgebrand. Als u de baas wilt zijn over uw emoties, dan is het belangrijk te weten hoe ze werken en hoe u ze kunt beïnvloeden.

Emoties laten zich vergelijken met een rivier. Een rivierenlandschap is boeiender en interessanter dan een stelsel van kanalen. Een rivier staat symbool voor leven, voor kracht en voor een zeker avontuur. Belangrijk is dat een rivier ruimte heeft, dat er uiterwaarden zijn, zodat zowel in de zomer, als in de winter het water rustig zijn weg kan vinden. Wanneer de rivier te weinig ruimte krijgt en ingeklemd wordt tussen de rotsen, dan ontstaat er een stroomversnelling. De rivier wordt woest, grillig en onvoorspelbaar. De rivier is praktisch niet te bevaren; een bootje in een stroomversnelling wordt meegesleept en dreigt op de rotsen kapot te slaan.

Ook als uw gevoelens te weinig ruimte krijgen worden ze woest, onvoorspelbaar en oncontroleerbaar. Ze slepen u mee, ze worden sterker dan u zelf bent en u heeft niets meer te vertellen. Dat is bijzonder bangstigend.

Soms bouwen mensen een dam in de rivier. Het water stijgt en er ontstaat een geweldig stuwmeer. Er zijn grote krachten nodig om de druk van het opgehoopte water te weerstaan. Als u uw emoties opkropt, ontstaat er een stuwmeer. U heeft steeds meer energie nodig om het water achter de dam te houden. Op den duur is dat niet vol te houden. De dam breekt en de ontreddering is gigantisch. Dat is een catastrofe, een echte panieksituatie. Als u een ongecontroleerde uitbarsting van emoties heeft meegemaakt van uzelf of van een ander, dan weet u dat u er alles voor over heeft om een herhaling te voorkomen. U wilt niets meer met emoties te maken hebben en u bouwt daarom de dam weer zo snel mogelijk op. Slechte ervaringen met het uiten van emoties zijn de belangrijkste reden waarom ze worden weggeduwd en opgekropt. Kinderen dienen van jongsaf aan te leren hun emoties op de goede manier te uiten. Wat echter als ze niet het juiste voorbeeld krijgen van volwassenen, die hun eigen emoties niet durven te laten zien, opkroppen of helemaal niet onder controle hebben?
Er ontstaat een angst voor het tonen, het uiten van emoties. Vooral angst wordt vaak verstopt, totdat de paniek uitbreekt. Er ontstaat angst voor de angst.

Goed bezig zijn
Als we ons goed voelen, denken we al snel dat we goed bezig zijn. Als we ons niet goed voelen, denken we al snel dat we verkeerd bezig zijn. Ons gevoel is echter maar al te vaak weinig betrouwbaar. Goed voelen betekent niet automatisch goed bezig zijn. Slecht voelen betekent niet automatisch slecht bezig zijn.
Een alcoholist voelt zich goed met drank op; hij is echter niet goed bezig. Wanneer hij droog staat, voelt hij zich **niet** goed; hij is dan echter wel goed bezig. Ook als mensen zich gelukkig voelen, zijn ze er vast van overtuigd dat ze goed bezig zijn. Mensen kunnen zich echter goed voelen bij de meest bedenkelijke zaken.

We zijn niet helemaal overgeleverd aan onze gevoelens. Sommige emoties hebben we meer in de hand dan andere. Sommige mensen hebben een

ijzeren zelfbeheersing, d.w.z. hun gevoelens hebben relatief maar weinig invloed op hun gedrag. Anderen worden volledig door hun emoties geregeerd. Is het gevoel te beïnvloeden?
Leerervaringen en de omgeving zijn van invloed op ons gevoel. Succeservaringen en een veilige omgeving kunnen bedreigende situaties steeds minder bedreigend maken. Als men weet hoe gevoelens ongemerkt worden aangeleerd en hoe ze bewust kunnen worden gemanipuleerd, dan is het mogelijk hiermee ook chronische angst te lijf te gaan.

Waar komen die gevoelens vandaan?

Het is vaak niet duidelijk waar gevoelens vandaan komen. Soms zien we iemand voor het eerst en voelen we meteen sympathie of antipathie. Het blijkt dat dit niet altijd terecht is. Blijkbaar maken deze mensen gevoelens los, die we eerder ergens onbewust hebben opgedaan. Een persoon, een omgeving, een situatie roept 'zomaar' bepaalde gevoelens op.

Maria heeft een zeer ongelukkige jeugd gehad, als gevolg van alcoholproblematiek van haar vader. Als ze ziet hoe haar eigen man met haar dochtertje omgaat, dan kan ze om onverklaarbare redenen heel verdrietig worden. Blijkbaar wordt ze zich er nu pas van bewust, wat zijzelf gemist heeft aan vaderlijke zorg en bescherming.

De man van Maria maakt gevoelens los. Hij is er niet de oorzaak van, maar zijn liefdevolle gedrag is de trigger, waardoor Maria zich bewust wordt van wat zij heeft gemist en dat maakt heel veel verdriet bij Maria los.

Eerdere ervaringen en de gevoelens, die daarmee gepaard gingen, hebben een sterke invloed op het huidige gevoelsleven. De omgeving, waarin we bepaalde emoties en gevoelens hebben gehad, kan zonder dat we ons dat zelf bewust zijn, sterk van invloed zijn op ons gevoelsleven van nu. Een bepaalde omgeving, sfeer of contekst roept op grond van leerervaringen bepaalde emoties op.

Bij slapeloosheid kunt u op den duur automatisch last krijgen van negatieve emoties bij het naar bed gaan. U vreest weer zo'n eindeloze nacht van draaien, woelen en ergernis. De slaap laat zich nu eenmaal niet afdwingen.

Het vreemde is dan dat u in het bed waar u moet slapen, de slaap maar niet kunt vatten. U bent klaar wakker. Overdag, wanneer u niet hoeft te slapen en wanneer dat zelfs ongewenst is, dommelt u vanzelf weg, ondanks allerlei achtergrond- geluiden. Het blijkt dat u dus nog wel kunt slapen, alleen niet op de plaats (uw eigen bed) en de tijd ('s nachts) die daarvoor staat.

Hetzelfde komt voor op seksueel gebied. Wanneer het bij u in de intieme sfeer een aantal malen niet optimaal verlopen is, dan ontstaat er vermijdingsgedrag. U schaamt zich. U blijft lang doorwerken of televisie kijken en u zoekt de intimiteit niet op. Het kan zijn dat u seksuele verlangens heeft, maar dat deze als sneeuw voor de zon verdwijnen, wanneer u de slaapkamer binnenkomt. Soms lukt het nog wel dat u seksuele gemeenschap heeft, maar dan als u met vakantie in een andere omgeving bent, 's morgens vroeg als u uitgerust en uitgeslapen bent. Zodra u weer thuis bent in uw dagelijkse routine met alle spanningen en onzekerheden zijn de seksuele gevoelens weer verdwenen. Het lichaam reageert dus met slapeloosheid en desinteresse voor seks op grond van eerdere negatieve ervaringen gekoppeld aan een bepaalde omgeving.

Wanneer u in een winkel een angstaanval heeft gehad en bent gaan hyperventileren, dan wordt op dat moment die ervaring sterk gekoppeld aan die omgeving. De omgeving van de winkel en de winkel zelf zijn voortaan emotioneel beladen, de angst zit als het ware aan de muren. De angst voor de angst maakt dat u de winkel voortaan zult vermijden. U gaat er niet meer heen, tenzij het moet en u er niet onder uit kunt komen.

Het onvoorspelbare karakter van chronische angst kan in verband staan met leren, dat zich aan het bewuste weten heeft onttrokken. Soms doet een signaal aan iets denken en kunt u het thuis brengen. Soms krijgt u alleen maar een bepaald gevoel of een bepaalde stemming. U krijgt een signaal, het licht springt op rood, er ontstaat 'zomaar' angst of verdriet of het signaal springt op groen en u voelt zich veilig en op uw gemak.

Voorbeelden:

Lysolgeur	- kan doen denken aan een ziekenhuis
Geluid boor	- u denkt aan de tandarts

Rood licht	- u associeert dit licht met gevaar/prostitutie
Koffie	- u krijgt trek in een sigaret
Kaarslicht	- u denkt aan gezelligheid en romantiek
Zonnig weer	- u voelt zich vrolijk en opgewekt
Herfst/regen	- u voelt zich eenzaam en depressief
Bruin café	- u denkt aan uw vrienden en lange gesprekken
Wierook	- u krijgt religieuze gevoelens.

Het blijkt dat leerervaringen op den duur in het lichaam automatische reactiepatronen teweeg brengen. Dat gebeurt vaak zonder dat u zich daarvan zelf bewust bent. Kunt u nu de signaalfunctie van bepaalde stimuli veranderen? Kan het signaal van onveilig weer op veilig komen? Ja, gelukkig wel.

Er zijn verschillende methoden, waarmee we gevoelens kunnen beïnvloeden, namelijk door anders te denken en te handelen; door dwang te vermijden, door activiteiten positief af te sluiten en door systematisch positieve gevoelens te combineren met negatieve gevoelens. We zullen nu op de verschillende technieken wat uitgebreider ingaan.

Methode 1: Anders denken

Hoe kijkt u aan tegen uw angst? Hoe kijkt u aan tegen problemen? Hoe wilt u tegen angst en problemen aankijken? De wijze waarop u denkt over uw problemen, bepaalt in sterke mate of u uw moeilijkheden aan zult kunnen of dat u aan uw problemen onderdoor zult gaan.

Ziet u uw problemen (uw angst) alleen maar als een bedreiging, als een catastrofe, als een onoplosbare ramp, dan is er een grote kans dat u gelijk krijgt.

Als u uw problemen (uw angst) ook kunt zien of wilt leren zien als een uitdaging, als een belangrijke leerervaring, als hanteerbaar, dan is er een evengrote kans dat u gelijk krijgt.

Het lijkt erop dat problemen hebben alleen maar kommer en kwel inhoudt. Dat is niet zo. Een leven zonder problemen is saai en glipt je door de vingers heen. Altijd zonneschijn veroorzaakt een woestijn. Verdriet, pijn en angst horen bij het leven als water, vuur en lucht. Pijn maakt ons bewust van het feit dat we leven. We komen op de wereld met pijn en ver-

laten de wereld met pijn. Wie geen pijn en verdriet wil, moet geen kinderen nemen.
Hoe meer problemen je hebt, hoe bewuster je leeft. De meest moeilijke jaren in je leven blijken later vaak de tijd te zijn geweest, waarin je het meeste leerde. Oude mensen, die in rustig vaarwater terecht zijn gekomen, vinden hun leven vaak saai en doelloos. Mannen, die in militaire dienst een beroerde tijd hadden, romantiseren dat later en geven dan ruiterlijk toe: Het was toch goed voor me.

Het klinkt gek, maar veel mensen kijken op de meest problematische tijd van hun leven terug met een zekere weemoed. In mijn eigen leven heb ik dit mogen meemaken:

Ik heb tot in den treure moeten aanhoren hoe mijn moeder 's morgens op de dag dat ik geboren werd, nog spoorbielsen aan het stelen was. Het was in de hongerwinter van '44 en mijn moeder was broodmager. Ondanks dat schijn ik er als baby zeer welvarend te hebben uitgezien. Dit werd mij altijd verteld op een manier, waaruit niet alleen trots, maar toch ook een zeker verwijt sprak. Ik kan echter zweren, dat er van mijn kant geen opzet in het spel was. In verhalen over de oorlog, over mijn tante die in Friesland eten ging halen, klonk ook vaak enige nostalgie door.

Mijn vader heeft na de oorlog geen bruin brood meer gegeten. Brood moest wit zijn, geen grauw meel aangelengd met water, maar mooi wit meel met melk. Vers witbrood en dan roomboter erop. Dat was en bleef voor hem de heerlijkste delicatesse van de hele wereld, dat had hij door de oorlog geleerd.

Een interessant leven krijg je niet door problemen te ontlopen, maar ze op te zoeken. Voor zover je problemen niet opzoekt, maar gewoon in de schoot geworpen krijgt, zou je ze moeten verwelkomen als leerervaringen. Je kunt jezelf welbewust in de positie brengen waarbij het noodzakelijk is het uiterste van jezelf te geven. Vaak ontdek je dan krachten en talenten in jezelf die je niet vermoed had.

Hoe kijkt u aan tegen conflicten? Een conflict is moeilijk oplosbaar, wanneer u er te veel mee bezig bent en als u het conflict alleen vanuit uw eigen

standpunt bekijkt. Veel piekeren over een conflict leidt tot negatieve emoties. Iemand die kwaad is, schreeuwt en smijt met deuren. Daarom heeft het een probleemoplossend gesprek geen kans, zolang er woede en frustraties zijn. Negatieve emoties verhinderen helder denken en leiden tot ondoordacht en ongecontroleerd handelen. Daardoor loopt een conflict uit de hand.
Hoe emotioneler u bent, des te moeilijker wordt het creatief te denken. U krijgt zelfmedelijden; u probeert wraak te nemen; u blijft er steeds maar over praten; kortom: u maakt uzelf belachelijk.
Als u geen tijd heeft over een conflict na te denken, zijn er minder emoties. Ziet u dan toevallig de persoon met wie u in conflict was, dan kunt u deze onenigheid rustig aan de orde stellen.
Er zijn dan drie mogelijkheden.

1. Er blijkt sprake van een misverstand en er is niets aan de hand.
2. De ander heeft ondoordacht en onattent gehandeld en dit spijt hem.
3. Er blijkt sprake van kwaadwilligheid en u had zich eigenlijk kwaad mogen maken, maar daar was nu eenmaal geen tijd voor. Uw kalme, rustige houding dwingt echter respect af en daardoor weet de ander dat zijn kwaadwilligheid bij u niet het gewenste effect heeft.

Soms helpt het dus een conflict te negeren. Wat ook helpt, is er anders over te denken. Bijvoorbeeld: Begrip trachten op te brengen voor de ander; u in de situatie van de ander verplaatsen of de voordelen van een goed uitgepraat conflict zien.

Hoe een verandering van denkwijze het gevoelsleven van mensen kan beïnvloeden, blijkt ook uit de nazipropaganda in het derde Rijk. Goebbels leerde de Duitsers anders te denken over de Joden. Het gevolg was jodenhaat en deze jodenhaat leidde tot het bouwen van vernietigingskampen.

Net zoals het mogelijk is het denken systematisch te beïnvloeden in negatieve richting, zo is het ook mogelijk het denken in positieve zin te beïnvloeden. Het verschil tussen een pessimist en een optimist is dat de optimist geleerd heeft meer aan prettige dingen te denken, terwijl de pessimist meer in kaart brengt wat er allemaal mis kan gaan. De één merkt op dat de fles nog half vol is, terwijl de ander klaagt dat diezelfde fles al half leeg is.
Het is duidelijk dat denkpatronen niet een, twee, drie te wijzigen zijn. Het

is echter belangrijk te weten dat ze ook niet een, twee, drie ontstaan zijn; we zijn er niet mee geboren; we hebben ze langzamerhand in ons leven laten komen. Het is de moeite waard na te gaan hoe we negatieve, ineffectieve, verlammende gedachtenpatronen kunnen inruilen voor meer adequate, stimulerende en inspirerende gedachten.
Wat betekent dit voor uw angst? Waar bent u bang voor? Wat denkt u dat er gebeurt? Hoe reëel is dit? Hoe zou u over uw angst willen denken? Hoe wilt u zichzelf het liefste zien? Hoe zou u willen dat u zich voelde? Welke gedragingen horen daarbij? Als u dit wat helderder voor de geest heeft staan, dan kunt u door met het gewenste gedrag te experimenteren uw gevoel beïnvloeden.

Methode 2: Anders handelen
Veel meer dan we willen, wordt ons gedrag bepaald door ons gevoel. Het liefst hadden we dat ons verstand en onze wil bepaalden wat er gebeurde. Ons gevoel bepaalt veelal ons doen en laten. Soms zijn we op die manier een speelbal van onze gevoelens.
Zoals we ons voelen, zo gedragen we ons: kwaad, angstig, verliefd, enz. Dit betekent dat emoties heel veel invloed hebben op ons gedrag, veel meer dan wij 'verstandige' mensen vaak denken. Daarom is het goed het nog eens te herhalen: Ons doen en laten hangt niet op de eerste plaats af van kennis en wilskracht. Helaas merken we tot onze grote ergernis dat we vaak weten wat we moeten doen en dat ook wel willen, maar dat we het toch niet kunnen.
We weten best dat sigaretten slecht voor ons zijn en we willen er ook wel mee ophouden. Dit weten en willen leidt echter niet automatisch tot het stoppen met roken. Waarom roken we? Omdat we ons goed voelen als we lekker een sigaretje kunnen roken en we ons rot voelen, als we niet mogen roken.
Hoe vaak hebben we niet onterecht gezwegen; hoe vaak durfden we niet te zeggen, wat we vonden; hoe vaak hebben we nagelaten voor onze gerechtvaardigde belangen op te komen? Waarom lieten we ons aan de kant zetten? Omdat het redelijk was wat er gebeurde? Omdat we dat zo wilden? Nee het was ons gevoel, onze angst en onzekerheid, die ons parten speelden. We verwensten onszelf, omdat we toch weer aan de angst hadden toegegeven.

Ons gevoel maakt het ons vaak moeilijk te veranderen. Wanneer we met een gewoonte willen breken, ontstaan er onlustgevoelens. Elke verandering, ook een verandering ten goede, roept weerstand op (resistance to change). Het liefst laten we alles bij het oude, ook al weten we dat het niet goed voor ons is. Het bekende voelt vertrouwd en veilig; het onbekende geeft extra angst.
Veelal zijn onze handelingen een gevolg van onze gevoelens. Wanneer we moe zijn of pijn hebben, dan doen we weinig. Wanneer we verdriet hebben, dan kijken we somber. Dat is de natuurlijke gang van zaken. Het gevolg is dat onze gevoelens als vanzelf meer invloed krijgen.

Soms is het echter mogelijk een gedragspatroon te kiezen, dat tegenovergesteld is aan ons gevoel. Let op er staat: *kiezen*. U gedraagt zich dus anders dan u zich voelt, omdat u dat *zelf wilt*. U gedraagt zich zo: *niet* omdat anderen dat van u verwachten; *niet* omdat u zich daartoe verplicht voelt, maar louter omdat u het interessant vindt voor uzelf na te gaan hoe u via uw gedrag uw gevoelens en met name uw angst kunt beïnvloeden. Het is dus niet de bedoeling dat u voortdurend uw gevoelens wegduwt, maar wel dat u bij tijd en wijle experimenteert met gevoelsbeïnvloeding. Dat doet u, omdat u niet wilt dat de negatieve gevoelens steeds maar het alleenvertoningsrecht opeisen.

Wanneer u zich verdrietig en triest voelt en daarbij een simpel liedje zingt of fluit, dan is er een aanzienlijke kans dat uw gedrag uw trieste gevoel enigszins gaat beïnvloeden. Wanneer u zich moe en lamlendig voelt en vervolgens onder de douche duikt, gaat zwemmen, een stukje gaat hardlopen of iets dergelijks, dan doet u iets wat tegen uw gevoel ingaat. Er is echter een redelijke kans (tenzij er sprake is van uitputting) dat deze energieke gedragingen in staat zijn uw vermoeidheid te verdrijven. Wanneer u zich naar en ellendig voelt en onverwachts komt er visite van vrienden die u heel graag ziet, dan heeft dit invloed op uw gedrag en vervolgens op uw gevoel. Het lijkt dan wel of er een nieuwe energielaag wordt aangeboord. De afleiding, de goede sfeer en het sympathieke gedrag dat u aan uw vrienden laat zien, blijken in staat uw hele stemming om te gooien. Huisgenoten verbazen zich daar vaak over en ook voor uzelf is het vaak wonderlijk. Het is echter een teken dat de omgeving, het gevoel van sleur en eentonigheid mede uw gevoel bepalen. Doorbreek de dagelijkse routine, loop niet steeds voor de angst weg, maak het leven niet te veilig en te voorspelbaar, zoek geleidelijk de risico's weer op.

Wanneer u bang bent, dan is het verleidelijk toe te geven aan de angst en het gevaar te ontlopen. Wanneer u vanwege watervrees besluit niet meer in het water te gaan, dan is het uitgesloten dat u op deze wijze ooit van uw angst voor water afkomt. Steeds zal de angst u in de buurt van water overvallen. Alleen door het gevaar op te zoeken, door vertrouwd te worden met het water, kan de angst verdwijnen. Ook in geval van watervrees doet u dus iets wat tegengesteld is aan uw gevoel. U stopt met het water vermijden en u zoekt het op een rustige manier op. Handel alsof u zelfvertrouwen heeft en er ontstaat zelfvertrouwen. Wees teder, zeg aardige dingen, niet omdat u ze voelt, maar omdat u ze weer wilt voelen. Tedere zachte strelingen, maken tedere zachte gevoelens los.

Alle cursussen op het gebied van zelfvertrouwen berusten op hetzelfde principe: Gedraag u op een manier die past bij de persoon die u wilt zijn: rustig, zeker en assertief. Als u verlegen bent en gewoonlijk zachtjes en onduidelijk spreekt, waarbij u de blik van de ander vermijdt, dan kunt u uw verlegenheid bestrijden door te leren duidelijker en met meer stemvolume te spreken en de ander vrijmoedig aan te kijken. Opkomen voor uzelf kunt u leren. Bij assertiviteitstrainingen leren mensen krachtiger en doortastender te handelen. Het blijkt dat als mensen leren zich anders te gedragen, zij zich ook anders gaan voelen.

Belangrijk is dat u zich gedraagt alsof u zich goed voelt. Het is dus niet te bedoeling te wachten met het experimenteren met goed gedrag totdat u zich goed voelt. Ook al voelt u zich niet goed, u kunt evengoed wel goede dingen doen. Let maar op als u er rustig mee gaat oefenen, zult u merken: Van het doen van goede dingen gaat u zich op den duur vanzelf goed voelen.

Mieke N. had haar jongste zoontje beloofd mee te gaan naar de speeltuin. De hele dag had ze haar best gedaan en zich alsmaar voortgesleept. Ook al zat ze af en toe doodmoe op het terras, steeds maar weer moest ze opdraven en alles meebeleven wat haar jongste spruit ondernam. Vriendelijk en gelaten liet ze het allemaal maar over zich heen komen. Terug in de bus naar huis voelde ze zich helemaal waardeloos, wat een sof dag. Op dat moment legde haar zoontje zijn hoofd tegen haar schouder, keek haar moe en voldaan aan en zei: Mamma, dit was de mooiste dag van mijn hele leven! Op dat moment voelde Mieke zich heel even gelukkig. Hoe is het mogelijk, dacht ze, hij heeft het mooi gevonden. Hoe rot ik me ook voel, ik kan toch nog goede dingen doen.

Zoals u zich voelt, zo zult u zich veelal gedragen. Dat is waar, maar dat hoeft niet altijd. U kunt zich anders gedragen dan u zich voelt. Zoals u zich gedraagt, zo gaat u zich op den duur ook voelen. Verander uw gedrag, dan verandert uw gevoel. Gedragsverandering is gevoelsverandering.

Wanneer u zich, ook al bent u angstig, zo rustig en natuurlijk mogelijk beweegt, u ontspannen gedraagt en met vertrouwen de angst gedoseerd opzoekt, d.w.z. zonder uzelf te forceren, dan gedraagt u zich anders dan bij angst gewoon is. Uw gedrag zal een gunstige invloed hebben op uw angsten.

Methode 3: Moeten moet niet!

Een zekere druk/spanning verhoogt de prestatiemogelijkheden. Gaat deze spanning een bepaald niveau te boven of duurt ze te lang, dan heeft die spanning een "verlammende" werking.

Het is zaak te voorkomen dat u alleen met de angst te maken krijgt, wanneer het echt moet. Activiteiten waartoe u gedwongen bent, lopen per definitie moeilijker dan activiteiten waarvoor u min of meer vrijwillig kiest. Dit geldt in het algemeen, maar vooral voor activiteiten, waarbij ook angst een rol speelt. Zet uzelf niet onder te veel druk en laat u ook door anderen niet onder druk zetten.

Voorbeelden maken duidelijk hoe negatief druk kan werken. Wanneer uw kind niet goed eten wil en u vergroot de druk op uw kind, u wordt kwaad en gaat schreeuwen, dan zal de tegenzin van het kind, de hekel die het heeft aan eten, steeds groter worden. U kunt beter proberen uw kind wat meer te motiveren door te zeggen: Wanneer je goed eet, krijg je dessert. Zo kun je een kind weer plezier in eten geven. Verminder de druk van buitenaf. Maak duidelijk dat het kind niet *moet* eten, maar *mag* eten. Voorkom

dat het 'niet eten' te veel (negatieve) aandacht krijgt. Geef positieve aandacht (beloning, dessert) aan 'wel eten'.
Alle mooie dingen in het leven kunt u stuk maken door er te veel druk op te zetten. Op die manier kan de zin in werk, in voedsel of in seks omslaan in aversie.

Elke druk roept een tegendruk op. Wanneer iemand achter mij loopt en mij in de rug duwt, omdat ik sneller moet lopen, dat ontstaat bij mij direct de neiging nog langzamer te gaan lopen. Hetzelfde gebeurt als iemand in een auto achter me hevig seint met zijn lichten en toetert dat ik aan de kant moet. Ook dan ontstaat de aanvechting iets langer links te blijven rijden dan strikt noodzakelijk is.
Als u te veel en te lang onder druk heeft gestaan, komt uw hele lichaam, uw hele systeem daartegen in opstand. U wordt allergisch voor druk en voor moeten. Wanneer u te veel dingen moet van uzelf of als u denkt van anderen te veel te moeten, dan zal uw lichaam steeds krampachtiger gaan functioneren. Dat maakt dat de angst meer invloed krijgt. De druk moet minder worden, zowel de druk, die u zichzelf oplegt, als de druk die vanuit de omgeving komt.

Voor angstmanagement is het noodzakelijk dat iemand beschikt over regelmogelijkheden zodat:
- u zelf kunt bepalen wat haalbaar en redelijk is;
- u kunt werken aan een aantrekkelijk dag-/weekprogramma;
- u weer plezier kunt krijgen in allerlei bezigheden, omdat ze niet persé moeten, maar omdat ze mogen;
- u kunt zorgen voor een klimaat waarin groei mogelijk is.

Een ontspannen klimaat, waarin moeten een bijrol vervult en geen hoofdrol, oefent een gunstige invloed uit op chronische angst. Om druk te voorkomen, is het zeer belangrijk dat u zich zoveel mogelijk vrij voelt. Dat u kunt gaan waarheen u wilt, maar dat u ook weg kunt wanneer u dat wilt. Het is belangrijk dat u een activiteit beëindigt, wanneer deze nog aantrekkelijk is: Stoppen als het nog leuk is! Dat vraagt vaak enig denkwerk.
- Vertel als u met een ander ergens heen gaat dat de kans bestaat dat u eerder weg wilt. Als u weg wilt, moet daarover op dat moment geen discussie ontstaan, zelfs geen vragen.
- Wanneer u ergens bent (schouwburg of bioscoop), zorg dan dat u ook

gemakkelijk weg kunt als u dat nodig vindt. Reserveer een plaats op het eind van de rij dicht bij de uitgang. U zult merken, dat het gevoel dat u weg kunt, al heel bevrijdend en daardoor spanning verminderend werkt. U heeft succeservaringen nodig.

Wanneer u zo lang op een feestje blijft, totdat het echt niet leuk meer is en de paniek toeslaat, dan bepaalt deze laatste indruk het geheel. Naar een volgend feestje zult u 'dankzij' deze leerervaring met gemengde gevoelens kijken, omdat de laatste indruk negatief was. Op den duur kunt u door deze manier van doen een hekel aan feestjes krijgen. Wanneer u echter weggaat op het moment dat de gezelligheid een hoogtepunt heeft bereikt, dan is de laatste indruk zeer positief. Op den duur zal daardoor een positief verwachtingspatroon ontstaan ten aanzien van feestjes. Hoe moeilijk het ook is, u kunt het beste weggaan als u zich nog goed voelt en het nog gezellig is.

Veel activiteiten worden onaantrekkelijk, doordat u ze te lang of te veel doet. Vooral als activiteiten spanning, onzekerheid en angst oproepen, is het noodzakelijk dat u op tijd stopt. Doet u dat niet, dan gaat u deze activiteiten vrezen en haten.

Hoeveel angst u aankunt, is sterk afhankelijk van het feit of u vrijwillig de angst opzoekt of dat u gedwongen de angst ondergaat. Verschillende voorbeelden kunnen dit illustreren.

Wanneer ik vroeger 's morgens het haar wilde kammen van mijn dochtertje van 5 jaar dan moest ik met veel omzichtigheid te werk gaan, anders kermde ze van de pijn. Gaf ik haar echter zelf de kam in handen, dan haalde ze vrij fors de kam door de verschillende knopen heen zonder een kik te geven. Blijkbaar versterkt de angst de pijn. Zelf het heft in handen nemen betekent angstreductie en dus ook pijnreductie.

Tenslotte een interessant experiment uit de arbeids- en organisatiepsychologie. Men wilde het effect nagaan van achtergrondgeluid op de arbeidsprestatie. Hiertoe bracht men mensen in een omgeving waarin veel lawaai was: twee mensen die een discussie met elkaar voerden in het Spaans, telefoonlawaai uit een receptie en een draaiende stencilmachine.

De helft van de proefpersonen beschikte over een knop waarmee zij het achtergrondlawaai konden teniet doen. De andere helft beschikte niet over deze knop. Het bleek dat de personen, die beschikten over de knop, gemiddeld 15x meer presteerden dan de anderen, die niet de mogelijkheid hadden het geluid uit te schakelen.
Het spectaculaire was nu dat van de knop geen gebruik werd gemaakt! Alleen het feit dat de mogelijkheid er was het geluid zo nodig uit te schakelen, maakte dat de ene groep meer en beter presteerde dan de andere groep.
Als u de angst vrijwillig gaat opzoeken, dan zult u langzaam maar zeker de angst voor de angst overwinnen. Als u gedwongen met angst wordt geconfronteerd, zal de angst voor de angst toenemen. Door de angst zelf op de juiste manier op te zoeken, maakt u zichzelf systematisch minder gevoelig.

Methode 4 Uitdoven en een nieuwe levensstijl

Hoe hardnekkig de angst is, hangt mede af van het leerproces, waardoor de angst ontstaan is, nl.: Hoe lang en hoe vaak heeft u in bepaalde situaties extreme angst doorstaan. Wanneer u lang en vaak angst heeft ondergaan, omdat u zich niet wilde laten kennen, dan bent u daardoor sterk gesensibiliseerd (gevoeliger gemaakt). Als u stopt met de benadering van tanden op elkaar en doorzetten, dan verdwijnen daarmee niet automatisch en tegelijkertijd de angst- gevoelens. Die zitten nog in 'uw systeem'. De uitdoving, de desensibilisering is afhankelijk van wat u vervolgens doet en vooral van wat u denkt.
Wanneer u extreme angst kunt voorkomen, dan wordt de gevoeligheid niet meer groter. De angst blijft stabiel en als u niet meer met die angst hoeft bezig te zijn en als u zorgt voor afwisseling tussen optimale inspanning, prettige ontspanning en stimulerende afleiding, dan kan op den duur vanzelf uitdoving plaatsvinden. Elke keer als er weer van paniek sprake is, wordt de uitdoving, de desensibilisering ongedaan gemaakt.
Dat gebeurt in situaties waarin u niet uzelf kunt zijn, waarin u niet vrij bent te doen en te laten waar u zin in heeft. Dat geldt bij visite of op het werk, waarbij u zich niet geaccepteerd voelt. Het kan onbeleefd lijken visite op tijd de deur uit te sturen. Op het werk is het niet mogelijk zomaar weg te lopen. Dit betekent dat u ondanks de angst toch zo goed mogelijk en zo

lang mogelijk gastvrij probeert te zijn, tot het echt niet meer te harden is en de paniek toeslaat. Ook op het werk gaat u zo lang mogelijk door. Een gevolg hiervan kan zijn dat visite en werk een signaalfunctie krijgen, waardoor automatisch angsttoename plaatsvindt. Het gevolg is dat u bijvoorbeeld visites gaat vermijden. Het gevolg daarvan is weer dat er geen uitdoving kan plaatsvinden, integendeel. Alle visites kan men nu eenmaal niet afzeggen en daarom blijven er negatieve ervaringen, die ervoor zorgen dat de signaalfunctie sterker wordt. De situatie, de omgeving roept de angst op en de angst maakt de omgeving meer beladen.
Hoe extreem signaalleren is, blijkt uit het feit dat ex-heroïneverslaafden, wanneer ze weer toevallig in aanraking komen met de "scene" (de leefomgeving van de verslaafden), plotseling lichamelijke afkickverschijnselen kunnen gaan vertonen, terwijl ze al jaren clean zijn.

Nieuwe levensstijl
Bij extreme angst bent u natuurlijk het liefste thuis. Als u last heeft van minder erge vormen van angst, dan blijken deze vaak minder groot op vakantie, op een camping of in een andere, nieuwe omgeving dan thuis. Komt u echter terug in de dagelijkse routine, dan wordt u ook weer overvallen door alle negatieve emoties en gevoelens, die u normaliter tijdens de dagelijkse beslommeringen heeft.

Het uitdovingsproces (desensibilisering) gaat sneller, wanneer u niet alleen de panieksituaties uit de weg gaat, maar als u in plaats van krampachtig en geforceerd moeizaam voortzwoegen, op een rustige, veilige manier de angst opzoekt. Het uitdovingsproces gaat sneller als een situatie niet meer gekoppeld is aan angst en falen, maar aan vertrouwen en succes.

Daarom is het gewenst dat u een nieuwe levensstijl ontwikkelt en zoveel mogelijk een nieuwe omgeving creëert. Op deze wijze kan de onbewuste koppeling tussen een bepaalde omgeving (prikkel of signaal) en eerdere angst ongedaan worden gemaakt. U schakelt daardoor zoveel mogelijk de omgeving als angst oproepende factor uit.

Waar het nu op aan komt, is dat u op grond van het bovenstaande bewust gaat manipuleren. Bijvoorbeeld: U bent bijna verdronken.

Water + bijna verdrinken	- doodsangst
Water alleen	- doodsangst

Alleen door regelmatig en volgens een veilig systeem (systematische desensitisatie) het water op te zoeken, verdwijnt uw angst. Na langere tijd betekent water niet meer het signaal: Pas op, gevaar, maar gaat betekenen: plezier, ontspanning en uitdaging. Nogmaals, dit leerproces onttrekt zich grotendeels aan weten en willen! Natuurlijk weet iedereen dat eenmalig bijna verdrinken in een specifieke situatie, niet tot zo'n grote angst zou moeten leiden in alle andere situaties. Het gebeurt echter toch. De benadering van stoer - strak - fanatiek - geforceerd doorzetten leidt tot meer angst. Niets doen en piekeren houdt de angst niet alleen in stand, maar maakt deze zelfs erger.

Nogmaals, twee methoden helpen niet:
1. Stoer - strak - fanatiek - geforceerd doorzetten
2. Ik doe maar niets, dan maak ik ook geen fouten.
Deze benaderingen, de gedachte aan die benaderingen, werken als signaal en dit signaal leidt tot een automatische reactie: Angst. Angst heeft een signaalfunctie. Het is een signaal dat uw aanpak en uw hele houding niet is gericht op uitdoving van de oorspronkelijke angstige benaderingswijze. Er moet meer vertrouwen en meer zekerheid komen.

Alleen door de activiteiten, die gekoppeld zijn aan de angst, regelmatig op een juiste wijze op te zoeken, kan de signaalfunctie van die activiteiten veranderen. Dat kan het beste - net als bij watervrees - op een veilige, rustige en gedoseerde manier gebeuren. Op die manier komt het signaal van onveilig op veilig te staan. U zweert het vechten af, maar bevrijdt uzelf ook van de angstige inactiviteit. U werkt op een verantwoorde wijze aan de vergroting van uw fysieke en mentale belastbaarheid. U luistert heel bewust naar de gevoelsreacties in het lichaam en u kiest voor de meest passende reactie.

Het uitdovingsprincipe zal pas gaan werken, wanneer u niet alleen het krampachtige gedrag langere tijd achterwege laat, maar u er ander gedrag (een rustige, ontspannen, evenwichtige, uitgebalanceerde en methodische benadering) voor in de plaats laat komen. Een terugval naar het oude gedrag maakt de uitdoving (de desensibilisering, de angstdemping) tijdelijk weer ongedaan. Als u echter de nieuwe aanpak, de nieuwe levensstijl weer toepast, dan zult u merken dat de terugval maar van korte duur is. Terugvallen mag, als u maar steeds weer overeind krabbelt en merkt dat de terugvallen op den duur steeds minder vaak gaan voorkomen en als ze er zijn, steeds minder lang duren.

Samenvatting

Emoties werken als een katalysator, een versterker. Emoties hebben een positieve invloed als u ze doelgericht kunt gebruiken. Er dient ruimte te zijn voor emoties. Het opkroppen van emoties kost heel veel energie en leidt uiteindelijk tot een uitbarsting of tot depressiviteit.

Gevoel is meer bepalend voor gedrag dan kennis en wilskracht. Gevoelens zijn vaak onbetrouwbaar. Extreme angst wil niet zeggen dat er extreem gevaar is. Als uw gevoel te veel bepaalt wat u doet, dan wordt u een speelbal van uw emoties.
- Als u zich goed voelt, dan wil dat niet zeggen dat u goed bezig bent.
- Als u zich slecht voelt dan wil dat niet zeggen dat u slecht bezig bent.

Hoe krijgt u greep op uw emoties?
Vraag u niet af: Waarbij voel ik mij goed?
Vraag u af: Waarbij wil ik mij goed voelen?
Bedenk, overweeg, visualiseer waarbij u zich goed wilt voelen en wat u daarbij nodig heeft.
Analyseer uw gedachten: Is het waar wat ik denk? Is het eerlijk, is het juist wat ik denk? Helpen deze gedachten mij mijn doel te bereiken?
Breng systematisch het gedrag in uw leven, waarbij u zich goed wilt voelen.

Methoden om het gevoel te beïnvloeden
- Anders denken
- Anders handelen
- Moeten moet niet
- Een nieuwe levensstijl.

Anders denken
Problemen zijn een ramp, een catastrofe. Zij leiden tot mislukking en verlies.
Problemen zijn een uitdaging. Zij geven belangrijke leerervaringen en kunnen leiden tot succes.
- Nadenken over een conflict - negatieve emoties
- Nazipropaganda leidt tot jodenhaat
- Angstig denken leidt tot meer angst

- Je bent wat je denkt te zijn:
  of afhankelijk - incompetent - slachtoffer van de angst
  of zelfstandig - competent - meester van de angst.

Anders handelen

Gevoel	Spontane reactie	Gevolg	Gewenste reactie	Gevolg
Verdriet	Stil en alleen zijn	Depressiviteit	Huilen,praten	Verwerking
Kwaad zijn	Opkroppen	Woede, agressie, drift	Zeggen wat je vindt en wat je voelt	Rust, evenwicht
Moe zijn	Lange rustpauzes sloffen, hangen	Uitputting	Korte rustpauzes energiek bewegen	Conditie
Verlegen angst	Contact vermijden, vluchten/vechten	(Sociale) fobie	Rustig opzoeken	Vertrouwen, lef

Moeten, moet niet

Meer angst
- alles of niets
- veel druk van binnen uit
- veel druk uit de omgeving
- onmisbaar voelen
- perfectionisme

Minder angst
- constant patroon
- weinig druk van binnen uit
- gematigde druk van buiten
- misbaar maken
- goed werk.

Positief afsluiten: Stoppen als het nog leuk is.

Systematisch minder gevoelig maken
Wanneer bepaalde stimuli langere tijd gepaard zijn gegaan met extreme angst, dan krijgen ze een signaalfunctie. Pas op, angst! Dat kan gelden voor visite, werk, hobby's e.d.

Uitdoving langzaam : de stimulus gaat niet meer gepaard met de negatieve sensaties.
Uitdoving vlug : de stimulus gaat gepaard met positieve sensaties.

Nieuwe levensstijl

U probeert het werk niet meer krampachtig en geforceerd zo lang mogelijk vol te houden. U probeert tot afspraken te komen, zodat u bewust ontspannen, met vertrouwen en volgens plan uw fysieke en mentale belastbaarheid weer rustig kan opvoeren.
Terugvallen mag. Bij een geduldige aanpak zullen ze steeds minder vaak voorkomen en steeds minder lang duren.

Stap 7: Uw gevoel de baas.

Vragen

1. Waarom vindt u het moeilijk uw emoties te uiten?

2. Kunt u een voorbeeld geven van een eigenschap, een situatie of een gewoonte, waarbij u zich wel goed voelt, maar waarbij u zich niet goed zou willen voelen?

3. Met welke methoden is het mogelijk uw gevoel te beïnvloeden?

4. Heeft de omgeving, hebben anderen invloed op uw gevoel?

5. Hoe komt het dat praten over uw problemen of het opschrijven van wat u dwars zit, kan helpen bij het terugkrijgen van uw gemoedsrust?

6. Moet u veel? Moet u veel van anderen of moet u veel van u zelf?

7. Mag u van uzelf angstig zijn?

8. Mag u als u angstig bent, dit kenbaar maken?

9. Mag u van uzelf rekening houden met uw angst?

Huiswerkopdrachten

1. Schrijf op hoe u denkt over uw angsten. Noteer vervolgens hoe u over de angst zou willen denken.

2. Welke activiteiten, waarbij u zich onzeker of angstig voelde, heeft u te vaak en te lang gedaan? Hoe zou u daar weer vertrouwen in kunnen krijgen?

3. Experimenteer met verschillende rollen.
   Speel alsof u heel boos bent.
   Speel alsof u vol vertrouwen bent.
   Hoe kijkt u, hoe loopt u, hoe spreekt u, hoe is uw uitstraling?

Les 8 Angstmanagement

Inleiding

Angst en vrees zijn aangeleerd. Wat is aangeleerd, kan ook weer afgeleerd worden. Lef en dapperheid kunnen aangeleerd en onzekerheid en angst kunnen afgeleerd worden. De principes en methoden, waarmee lef aangeleerd en angst afgeleerd kan worden, zijn niet moeilijk te begrijpen. Het leren toepassen vraagt veel geduld en doorzettingsvermogen.

Mensen kunnen voor de meest verschillende zaken angstig gemaakt worden. Dat is ook enigszins cultureel bepaald. Spinnen en muizen zijn voor veel vrouwen in het Westen angstaanjagend. Geesten en duivels in andere culturen. Slangen zijn voor de meeste mensen eng.

Wolpe, een Amerikaans psycholoog, deed één van de eerste wetenschappelijke experimenten met het aan- en afleren van angst bij kinderen. Hij bracht een wit konijn bij een kind in een speelkamer. Het bleek dat het kind daar met een zekere interesse op reageerde. Er was geen angst, alleen nieuwsgierigheid. Vervolgens bracht hij een tweede keer het witte konijn in de speelruimte van het kind, maar nu gepaard gaande met een schrille fluittoon. Het kind schrok en bracht de fluittoon in verband met het konijn en was vervolgens bang voor het konijn. Er was angst aangeleerd.
Vervolgens liet Wolpe het kind veilig bij moeder op schoot zitten, terwijl het eten kreeg. Daarna werd weer het konijn binnengelaten. Het bleek dat het kind nu het konijn in verband bracht met veilig bij moeder zitten eten. Het konijn veroorzaakte na verloop van tijd geen angst meer.

Verschillende factoren bepalen of iemand door een ervaring harder en dapperder dan wel gevoeliger en angstiger wordt.
- De omgeving: Is deze bekend en vertrouwd of vreemd en onveilig?
- De emoties: Zijn ze onder controle of positief?
- De prikkels: Zijn deze mild en bekend of intens en nieuw?

- De aandacht: Is er veel afleiding of is er geen afleiding?
- De gedachten: Zijn deze rustig en realistisch?

Deze factoren bepalen of de angst toeneemt of dat er angstdemping plaats vindt.

Gevoeliger worden: Sensitisatie

Extreme angst, echte paniek, waarbij er angstzweet, hartkloppingen en controleverlies optreden, veroorzaakt een letsel, een zwakke plek. Elke negatieve ervaring laat een spoor na. Door traumatische ervaringen en door hevige angst word je steeds gevoeliger (sensitiever). Er treedt sensitisatie op en de oplossing is desensitisatie (ongevoeliger maken).

Van positieve ervaringen met angst kun je steeds flinker worden. Het volgende verhaal van Marianne Janssen in de Telegraaf van 6 augustus 1994 illustreert dit:

Glijbaan

Ooit ben ik in de Efteling geweest, ik heb foto's die het bewijzen. Langnek en Papier-hier, de zusjes met de dagjeslach ervoor. Zwart-witte plaatjes met een vergeelde kartelrand. Ooit ben ik in de Efteling geweest. Ik heb er geen herinneringen aan.

Ik herinner me wel de glijbaan die mij door zijn hoogte mateloze angst aanjoeg. "Kijk nou, de bange schijt, ze durft toch alles? Maar dáár durft ze niet af", zei mijn kleine zusje op treiterige toon tot de oudste, toen ik weggetrokken opkeek naar de hoge, houten trap.

Ik haatte haar om haar gelijk. "Oh, nee?", riep ik. "Oh nee? Dat zul je dan eens zien!" de angst klopte in mijn keel. Mijn bloed begon te bonken. Ik ging de steile trap op, zo langzaam als ik kon. Achter mij duwden de helden mij onverbiddelijk omhoog. Zij hadden haast. Zij wel.

Bovenaan, een hand krampachtig om het hekje bleef ik staan. Duizelig van ellende keek ik naar omlaag. Zag het lachende zusje staan. Ik beefde van angst en van woede. Terug de trap af kon niet meer, ik moest wel naar beneden. Ik ging zitten, sloot m'n ogen, suisde omlaag in vliegende vaart. Ik viel in het zand, m'n hoofd stootte hard achterover tegen de rand van de glijbaan aan. Ik tastte onder mijn piekhaar, bloed kleefde aan mijn hand. Maar voor ik aan huilen kon denken, bonkten voeten ruw in mijn rug, de volgende was al beneden.

Ik stond op, wankelend. Nu zou ik het beter doen.

Opnieuw ging ik de trap op, opgeduwd door de helden. Opnieuw gleed ik de

diepte in, bevangen door de angst. Nu hield ik star mijn ogen open, spande mijn lijf voor de val. Ik viel opzij, hapte zand. Daar werd joelend om gelachen. Keer op keer ging ik naar boven, keer op keer dook ik omlaag.
De dag vergleed, de schommels lokten. Maar koppig ging ik van de glijbaan af. Een held wilde ik worden. Bangeriken opduwen zoals ikzelf was opgeduwd. Lachen wilde ik om de kinderen die niet durfden. Die aan de kant stonden, huiverend van angst.
Pas laat in de middag was ik de baan de baas....Ging op zoek naar mijn zusjes. vond de jongste. Trok haar mee. Plantte haar bij de reuzenbaan: "En wachten!!" Ze bleef staan, bevreesd voor de klank in mijn stem.
Ik klom de trap op, duwend. Gleed als een held naar beneden. Klopte mijn kleren af. En liep naar mijn zusje toe.
"En?" zei ik hoog."Wat had je nou?"
Ze keek me vol onbegrip aan. Leek haar hoon van die morgen vergeten.
Ik greep haar bij het kraagje van haar smoezelige jurk. Balde de vuist, zodat mijn knokkels priemend tegen haar nekvel duwden.
"En? Durf ik van die hoge glijbaan af?" vroeg ik verbeten. "Nou, zeg op!"
Ze slikte. Ik voelde onder de huid haar speeksel langs mijn handen gaan. Ze knikte, de blauwe ogen wijd van angst.
"Zeg het hardop!" schreeuwde ik. "Vooruit!"
"Ja!" zei ze piepend van ademnood.
"Trek je het in dat ik een bange schijt ben?"
"Ja", jankte ze weer. Ik liet haar los. Ik had de strijd gewonnen.

Hier is angst overwonnen. Los van het feit dat meer moed niet automatische leidt tot een prettiger karakter, zien we hier heel duidelijk dat gewoon doorgaan uiteindelijk leidt tot angstreductie. Het had op vele punten mis kunnen gaan: Als ze terug had gekund, toen ze bovenaan stond of als ze gestopt was na de eerste ongelukkige ervaring. Blijkbaar leverde de eerste ervaring op dat het beter was het gevaar met open ogen tegemoet te zien, in plaats van de ogen te sluiten. Een "slechte" ervaring geeft toch winst, nl. de kennis hoe het niet moet.

Realistisch denken

Positief denken kan betekenen dat mensen te veel met hun hoofd in de lucht lopen, daardoor over een steen struikelen of in een greppel vallen. Negatief denken kan betekenen dat mensen te veel naar beneden kijken en daardoor tegen een muur aanlopen. Het is daarom goed zo realistisch mogelijk te denken. De beide mannen in de cel hielden beiden de realiteit in de gaten, maar ook aan de realiteit zitten verschillende kanten. Belangrijk is dus blijkbaar ook: Waar richt ik mijn blik, waar richt ik mijn gedachten op?

Het is belangrijk bij angst een meer realistisch denkpatroon te ontwikkelen:
- Wat voel ik? Waarom voel ik dat?
- Wat denk ik? Waarom denk ik dat ? Is dat realistisch?
- Wat wil ik voelen? Hoe kan ik dat gevoel krijgen?
- Wat wil ik denken? enz..

Angstige mensen hebben vaak last van catastrofaal denken, ze zien in gedachten de ene rampspoed na de andere voorbij trekken. Het gevolg is onzekerheid, zorgen, angst en als gevolg daarvan slapeloosheid, vermoeidheid, gebrek aan zelfvertrouwen, besluiteloosheid, moedeloosheid, inactiviteit en depressiviteit. Het denken beïnvloedt gevoel, het gevoel beïnvloedt het handelen. De eerste gedachte van een onzeker en angstig persoon is: Het kan mis gaan, in plaats van: Het kan lukken.

Simpele, neutrale gebeurtenissen kunnen door uw manier van denken gevoeld worden als catastrofes. Catastrofes kunnen door uw manier van denken teruggebracht worden tot hanteerbare grootheden.
Elisabeth Hurley beschrijft de grote catastrofe in haar leven. Haar vriend, de Engelse auteur Hugh Grant, werd gearresteerd in Los Angeles wegens het oppikken van een straatprostitué.

"Ik zat in Londen en hij belde vanuit de gevangenis in L.A. Toen ik het hoorde, was ik in het begin niet eens woedend op hem, Ik dacht alleen: 'Shit, daar gaat onze carrière'. Hij was net internationaal aan het doorbreken en ik was pas gekozen als model voor Lauder. Het ene moment waren we het ideale paar, en dan dit? De journalisten dromden voor ons appartement en vroegen me het hemd van het lijf. De volgende dag stonden de kranten er vol van. Pas toen drong het tot me door wat er gebeurd was. Ik heb hem gebeld en voor van alles uitgemaakt. Ik heb urenlang gehuild als een schoolmeisje wier vriendje haar voorgoed heeft verlaten. Uiteraard irriteert de kwestie mij soms nog. Dan sluit

ik mijn ogen en denk eraan hoe intens groot het heelal is. Als ik mijn ogen weer open, zie ik mijn eigen problemen als krentjes. Dat helpt!" (Telegraaf 21-12-96).

Angst opzoeken - Generalisatie

Elke paniekaanval, elke extreme angst maakt dat de angst in zijn algemeenheid groter wordt, de angst generaliseert. Het machteloos staan ten opzichte van angst is op zich al angstaanjagend. Het machteloze gevoel werkt verstikkend. Vervolgens is het ook bemoedigend te constateren dat angstreductie op één specifiek terrein automatisch leidt tot angstreductie in het algemeen.

Allerlei voorbeelden tonen aan dat een systematische aanpak en een goed plan van actie automatisch al leiden tot angstreductie. In essentie komt angsttherapie neer op de harde en noodzakelijke constatering: Als je bijvoorbeeld al een aantal keren bijna verdronken bent en als je nog elk moment onder water kunt verdwijnen, dan moet je - of je wilt of niet - naar de kant.

Het is dan niet goed alleen en eenzaam te blijven spartelen met het water aan de lippen. Dat doe je nog geen hond aan, laat staan een mens. Je trekt hem aan de kant, maar hij moet dat wel willen en er blij mee zijn en niet alles alleen willen doen. Vervolgens, wanneer hij eindelijk uit dat diepe, ellendige water is, mag hij over een tijdje heel voorzichtig weer eens wat gaan proberen in het pierenbadje; eerst veilig aan de hand, later alleen. Heel voorzichtig kan hij, wanneer hij steeds meer aan het ondiepe water gewend is, een klein beetje opschuiven naar iets dieper water. Wanneer hij dit proces langzaam voortzet en steeds meer vertrouwen en plezier in het water terugkrijgt, komt vroeg of laat onherroepelijk de tijd dat hij weer duikt en zwemt en geniet in het diepe; het heerlijk vindt en zich niet meer kan voorstellen, dat hij daar ooit zoveel ellende en angst aan heeft beleefd. Alles hangt echter af van de juiste aanpak.

Elke keer als je het diepe wordt ingeschopt of je jezelf erin schopt, wordt de ellende weer groter. Als je niet aan de kant wilt, als je flink wilt blijven, als je jezelf niet wilt laten kennen, als je je beter voordoet dan je bent, als je je ellende verbergt, als je je niet wilt laten helpen, als je je schaamt, dan is er niet het klimaat waarin groei en herstel mogelijk is.

Iemand, die watervrees overwint, wint aan zelfvertrouwen, krijgt meer zelfrespect. Hij leert niet alleen deze angst de baas worden, maar leert een manier van probleemoplossen, die nuttig is op alle levensgebieden. Die manier houdt in:
- Niet weglopen voor de problemen;
- Het probleem onder ogen zien en analyseren;
- Een systematische aanpak kiezen;
- Vandaag beginnen met de aanpak;
- Het systeem op grond van concrete ervaringen aanpassen;
- Hulp vragen en open communiceren over gevoelens.

Kortom, buiten het kwijt raken van een specifieke angst, is er meer winst te behalen. Van een dergelijke ervaring krijg je een beetje eelt op je ziel. Waardoor krijg je namelijk eelt? Door regelmatig weerbarstig en ruw materiaal op te pakken, rustig en niet te lang. Wanneer je te lang of te intensief met ruw materiaal bezig bent, ontstaan er kloven en wonden. Het is zaak deze letsels eerst te laten genezen en dan weer aan de gang te gaan. Van niks doen heeft nog nooit iemand eelt op zijn handen gekregen. Voorbeelden, die iedereen kent zoals watervrees, spreekangst en hoogtevrees, maar ook minder vanzelfsprekende angsten, kunnen illustreren wat met systematische desensitisatie bedoeld wordt.

1. Watervrees

Het afleren van angst voor water, voor verdrinken, kan eigenlijk als model dienen voor het afleren van welke angst dan ook. Vroeger dacht men dat men iemand met watervrees hard aan moest pakken. Talloze mensen zijn echter nu nog het slachtoffer van een dergelijke aanpak. Het feit dat ze in het water zijn gegooid, kopje onder zijn gehouden, naar het diepe zijn getrokken, enz., enz., kan hun nog altijd een angstaanval bezorgen.

Watervrees kan op grond van dergelijke ervaringen zo hevig zijn dat mensen het al moeilijk vinden naar een zwembad te gaan. Men kan een hele angsthiërarchie van activiteiten opstellen, waarbij de moeilijkheidsgraad van het uitvoeren van deze activiteiten als gevolg van toenemende angst steeds groter wordt. Naar het zwembad gaan is moeilijk, nog moeilijker

zich om te kleden, naar het zwembassin te lopen, het trapje één of twee treetjes af te gaan, rond te lopen in het ondiepe, waarbij het water tot de enkels staat, te gaan zitten in het ondiepe, het beetje bij beetje op te schuiven terwijl men in het water zit, vervolgens weer te gaan staan en het water tot de knieën te laten komen, het water tot het middel te laten komen, enz., enz.
Een dergelijk desensitisatieproces kan al gauw een half jaar in beslag nemen. Een dergelijke aanpak vraagt veel geduld en doorzettingsvermogen. Wanneer het water tot uw middel komt, kunt u vervolgens kijken of u kunt drijven, zwemmen, het hoofd onder water durft te steken, enz., enz. Zodra u merkt dat de angst weer te veel oploopt, moet u weer lager in de hiërarchie gaan om geleidelijk de moeilijkheidsgraad weer te verhogen.

Hoewel systematische desensitisatie op zich logisch is, wordt deze toch nog door te weinig mensen toegepast. Waarom? Dat komt, omdat volwassen mensen zich schamen om in het pierenbadje te gaan zitten. Ze vinden het kinderachtig van zichzelf. Ze durven eigenlijk niet voor hun angst uit te komen en om die reden vermijden ze heel systematisch elke contact met water. Het is duidelijk dat je op geen enkele wijze waterangst kunt oplossen door het probleem uit de weg te gaan. Al lees je alle boeken over angstmanagement, alleen door het contact met water kan men langzaam vertrouwd worden en nieuwe positieve ervaringen opdoen met water, en het speelse en avontuurlijke weer ontdekken. Dat is de enige methode.

2. Spreekangst

Stel, u moet over een paar maanden een lezing houden voor een groot publiek. Ook al heeft u de lezing klaar, dan is het nog uiterst onverstandig zonder gerichte voorbereiding een dergelijke spanning oproepende taak zo maar tegemoet te gaan. Het is het beste uw verhaal eerst te vertellen aan één bekend persoon. Vervolgens ook zijn commentaar te vragen. Vervolgens vraagt u meer mensen (drie à vijf) naar uw verhaal te luisteren. Het kan handig zijn uw lezing op video vast te leggen, zodat u zichzelf ziet spreken. Het is zeer gewenst veel informatie in te winnen over spreken in het openbaar. Daar zult u o.a. lezen dat het handig is u te richten op twee à drie mensen, verspreid in het gehoor. U doet net of de anderen er niet zijn en of u uw verhaal slechts voor deze drie mensen houdt. Uw tekst moet u niet letterlijk voorlezen, maar proberen elk alinea in een of twee kernwoorden te vatten. Vertel vervolgens in uw eigen woorden zo eenvoudig mogelijk met veel voorbeelden uw verhaal. Op die manier heeft u een moeilijke taak door een grondige voorbereiding overzichtelijk en hanteerbaar gemaakt.

3. Hoogtevrees

U heeft ernstige hoogtevrees en een verblijf op een balkon op de 12de verdieping is voldoende voor een regelrechte paniekaanval. Ook hier zit maar één ding op: oefenen, oefenen, oefenen. U gaat naar een flat op de eerste verdieping. U doet dat twee of drie keer per dag. U loopt daar vrijelijk rond, kijkt over de balustrade en doet dit een week lang. Vervolgens gaat u naar de tweede verdieping en u zult merken dat uw eerdere ervaringen op de eerste verdieping een duidelijke invloed hebben op uw ervaringen op de tweede verdieping. Ook hiervoor neemt u weer ruim een week de tijd en vervolgens gaat u naar de derde verdieping. Dit blijft u herhalen tot u op de 12de verdieping bent aangekomen. Mocht dit tempo te vlug zijn, schroom dan niet wanneer u op bijvoorbeeld de vijfde verdieping te veel moeilijkheden ondervindt, terug te gaan naar de vierde of zelfs naar de derde verdieping en vervolgens de gewenning en het vertrouwd worden daar langer te oefenen.

4. Auto-angst

Veel mensen hebben ooit een auto-ongeluk meegemaakt. Op grond hiervan kan extreme angst ontstaan rond alles wat met autorijden te maken heeft. Iemand, die beweerd had nooit meer in een auto te zullen gaan zitten, heeft met de volgende hiërarchie zijn probleem voor een belangrijk gedeelte opgelost. Het volgende leerde hij na lange tijd en veel oefenen weer te durven:

- Ik durf weer naar mijn auto te lopen.
- Ik durf er weer in te gaan zitten.
- Ik durf hem weer te starten.
- Ik durf een klein stukje vooruit een klein stukje achteruit te rijden.
- Ik durf 200 meter te rijden.
- Ik durf één blokje om.
- Ik durf twee blokjes om.
- Ik heb weer op de buitenwegen gereden op een zondagmorgen, enz.

4 Straatvrees

Bij straatvrees is er sterk sprake van een vicieuze cirkel. Je voelt je alleen nog een beetje veilig als je binnen bent en dan vaak alleen nog maar met de gordijnen dicht. Angst wordt echter vanzelf groter als mensen opgesloten zitten. De angst houdt je gevangen, de angst is jouw cipier. Er is veel aan gelegen je vrijheid te heroveren. Hiertoe zijn mobiliteitsschema's goede instrumenten. Mobiel zijn betekent: Je kunnen verplaatsen, te voet, met de fiets, met de auto en met het openbaar vervoer (bus, trein, vliegtuig).

Voor de conditie is het goed als we ons eerst concentreren op de benenwagen en op de fiets. Op deze manier gaan we de vertrouwde omgeving langzaam maar zeker groter maken. Alles wat je vaak doet, wordt alledaags, wordt routine, wordt vertrouwenwekkend. Alles wat je heel weinig doet, wordt eng. Voor een mobiliteitsschema is het handig over een plattegrond te beschikken; deze koopt u of maakt u zelf van uw onmiddellijke omgeving. Hierbij kunt u inkleuren wat veilig voor u is, geef dat de kleur groen. Maak vervolgens het gebied waar u hanteerbare angst voelt geel. Vervolgens kleurt u oranje de plaatsen waar u de angst niet meer kunt hanteren en rood waar er van absolute paniek sprake is.

Het kan ook zijn dat u nog helemaal de deur niet uit durft, ook niet dicht bij huis. Beperk u dan voorlopig tot fitnesstraining en oefeningen binnenshuis. Maak wel een kaart, waar dan voornamelijk oranje en rood op staat. Of u het wilt of niet, u bent nog in de moeilijke positie dat u zich voorlopig alleen zult moeten bezighouden met het voorbereidende werk, het vruchtbaar maken van de aarde. Dat kan via de volgende hiërarchie:

- Ik heb mijn jas aangetrokken en ben naar de voordeur toegelopen.
- Ik heb mijn jas aangetrokken, ben naar de voordeur gegaan en heb de deur open gedaan.
- Ik heb mijn jas aangetrokken, ben naar de voordeur gegaan, heb de deur open gedaan en ben een aantal stappen naar buiten gegaan en ben weer teruggelopen.

Het is prima dat ik weer naar buiten durf. Het begin is er. Op den duur zal dit steeds gemakkelijker gaan en zal ik steeds verder komen. Mijn probleem is oplosbaar. Ik sta aan de voet van een gigantisch hoge berg. Ik heb de eerste stappen naar boven gemaakt.

Bij uw wandel- en fitness-schema blijft u in de eerste week in de groene zone. Blijf dus eerst dicht bij huis, ook al worden de buren stapelgek van u en bent u het gesprek van de dag. Het gaat tenslotte om uw leven en om uw vrijheid. Er is geen gemakkelijke methode die de buren begrijpen en goed zullen keuren. Waarom maakt u zich eigenlijk zorgen over wat anderen denken?
Wanneer uw groene zone heel erg klein is, dan is het zaak dat u zich steeds vaker naar de rand van de groene zone begeeft. U kunt dit alleen doen, maar samen met een vertrouwd iemand gaat het soms sneller. Belangrijk is dan wel dat die ander u niet opjaagt, maar uzelf het eigen tempo kunt bepalen. Wanneer u regelmatig op de rand van de groene zone bent en door daar te verkeren het vertrouwen toeneemt, dan heeft u daarmee automatisch en zonder veel moeite een stukje geel groen gemaakt. Het groene gebied is groter geworden, maar vervolgens is ook het geel een stukje opgeschoven, waardoor een stukje oranje automatisch geel is geworden en een stukje rood oranje. U zult merken dat in het begin de successen slechts klein zijn en heel langzaam en met veel moeite kunnen worden bereikt. Naarmate u verder gevorderd bent, zal de groei sneller gaan. Voor iemand met ernstige straatvrees kan het soms meer dan een jaar duren, voordat het uiteindelijke doel - de markt bezoeken - haalbaar is. Belangrijk is dat u ook in het eindstadium creatief blijft. Informeer waar er kleine markten zijn. Informeer naar de stille uurtjes. Begeef u eerst in de richting van de markt en blijf u beperken tot het randgebeuren. Probeer vooral nooit of te nimmer flink te zijn. Eén goede angstaanval en u moet weer de nodige stappen terug maken.

6. Op een druk terras gaan zitten bij straatvrees

Ook hierbij is het weer belangrijk tot een stuk angsthiërarchie te komen. Het kan zijn dat u een favoriet plekje had op uw vaste terras en dat u dat graag wilt heroveren. Neem uw plattegrond er weer bij en stippel de route uit. Ook hierbij zal het belangrijk zijn dat u weer naar situaties zoekt, die relatief veilig zijn. Allereerst analyseert u de route naar het terras, zodat u de obstakels die daar zijn, systematisch kunt beïnvloeden. Het eerste doel is dat u weer in de buurt van het terras komt, zo vaak mogelijk, zonder dat u daar nog plaatsneemt. Wellicht moet u eerst op tal van andere terrasjes zitten, veel kleiner, veel saaier, helemaal uit het centrum vandaan, maar dat geeft niet, het gaat om het leereffect.

7. Blozen, tremoren, transpireren, eetstoornissen

Iedereen bloost bij schaamte of verwarring heel licht. Als je dat niet wilt en je daardoor betrapt voelt, kan het daardoor sterker worden. Hetzelfde geldt voor trillende handen bij spanning en onzekerheid. Wanneer je daarop gaat letten, bang bent dat anderen het zien, gaat het helemaal mis. Je kunt prompt geen kopje meer vasthouden.

Slikproblemen en eetstoornissen bij spanning zijn een normaal verschijnsel. Je zult echter maar voor een dineetje gevraagd worden door je schoonouders en vervolgens geen hap meer door je keel kunnen krijgen.

Al deze angsten komen heel veel voor. Er wordt echter niet over gepraat. Tal van sociale verplichtingen gaan hierdoor een enorme ballast vormen. De angst dat je betrapt wordt, dat je probleem de volle aandacht krijgt en je hierdoor in het middelpunt van de belangstelling komt, wordt een nachtmerrie, het voelt als een catastrofe. Het is duidelijk dat ook hier het catastrofaal denken de problemen in stand houdt. Natuurlijk hebben mensen belangrijkere dingen aan hun hoofd dan jouw blozen, dan jouw trillende handen, dan het feit of je wel of niet een hap door je keel kunt krijgen. Het is net als met stotteren, het is voor de persoon in kwestie erg vervelend. De omgeving vindt het vervelend, als het voor de stotteraar zelf traumatisch is. Wanneer degene die stottert, ermee kan leven, kan de omgeving het ook. Natuurlijk zijn er tal van flauwe grapjes over stotteren, maar het is een verademing als iemand die stottert, er zelf relativerend mee kan omgaan en zelfs lichte zelfspot kent. Het gaat er dus om jezelf en je handicap minder belangrijk te vinden, gewoon iemand van vlees en bloed te zijn met eigenaardigheden en tekortkomingen. Als dat mag, valt er een enorm stuk druk weg. Geef op visites aan dat je problemen hebt met de fijne motoriek. Leg niet uit (zo dat al mogelijk is) waarom. Als iemand vraagt hoe dat komt, zeg dan eerlijk: 'Dat weet ik niet' of 'Dat komt vanzelf, ik vind het vervelend' of 'Weet ik veel'. Maak er geen punt van!

Zeg met eetproblemen dat je wel mee wilt, maar dat je alleen wat drinkt en niet eet. Dat je meegaat voor de gezelligheid en voor de conversatie. Doe datgene waarbij je je op je gemak voelt. Zeg ook dat je soms geen hap door je keel kunt krijgen en dat je dat niet alleen zonde van het geld vindt, maar dat dan ook het restaurant het idee krijgt dat het eten niet goed genoeg voor je is.

8. Ziekte-angst

Angst voor ziekte en dood kan extreme vormen aannemen. Het leidt veelal tot veelvuldig bezoek aan doktoren en specialisten. Voortdurend bezig zijn met het lichamelijk functioneren, het opnemen van de hartslag of het meten van de bloeddruk, maken de bezorgdheid aldoor maar groter. De bekendste angsten zijn hartfobie en extreme angst voor kwaadaardige tumoren. Soms zijn deze angsten in de hand gewerkt door het bestaan van hartklachten of kanker bij vrienden of familieleden. Men is daardoor extra bewust geworden van het feit dat deze ziekten en kwalen bestaan en iedereen kunnen treffen. Soms heeft men een onschuldige hartritmestoornis, hetgeen over het algemeen wel beangstigend is. Ook een aanval van hyperventilatie kan heel veel paniek veroorzaken en associaties oproepen aan een hartaanval. Is de angst er eenmaal, dan is het heel moeilijk niet aan deze angst toe te geven en allerlei onnodige maatregelen te nemen, zoals het vermijden van traplopen of het willen vermijden van emotionele stress. Allerlei onderzoeken en geruststellende woorden van specialisten kunnen deze angsten niet weg nemen. Een eenmalig check-up is in orde. Elke volgende medische check-up geeft hooguit enige tijd verlichting, maar daarna komen de angst en de onzekerheid weer opzetten.

Het is duidelijk dat de aandacht voor de mogelijkheid dat men deze ziektes misschien heeft of kan krijgen, de kern is van het ontstaan en het voortbestaan van deze angst. Toegeven aan de angst en de onzekerheid door onderzoek te laten plaatsvinden of door een medicus te raad- plegen, maakt deze angst groter.

Men verandert daardoor in een echte hypochonder (iemand die geobsedeerd bezig is met zijn eigen gezondheid en voortdurend vreest dat er van alles met hem mis is). Het besteden van aandacht aan de hartslag of de bloeddruk leidt automatisch tot verandering (versnelde polsslag, hartritmestoornissen, verhoogde bloeddruk).

In geval van een knobbeltje is het natuurlijk juist een arts te raadplegen. De meeste gezwellen zijn goedaardig, maar ook als er iets kwaadaardigs wordt geconstateerd, is het goed dit de juiste aandacht te geven, niet meer en niet minder. De juiste aandacht is dat u ook nu weer kenbaar maakt dat u een angstprobleem heeft. Dat u in de verleiding komt voortdurend uw gezondheid te controleren, maar dat u daar af wilt komen. Bespreek deze angst met uw huisarts. Als hij u op vaste tijden ziet, met steeds grotere tussenpozen, dan kunt u wellicht uw vertrouwen in uzelf en uw gezondheid terugwinnen.

9. Smetvrees

Oeverloos, eindeloos wassen en poetsen. Belangrijk is een situatie te creëren, waarbij u zich eigenlijk al dat poetsen niet kan veroorloven. Mireille van Vlaanderen was secretaresse. Een beroep waarbij voortdurend netheid en accuratesse worden gevraagd. Zij was gek op kinderen. In de vakantie ging ze werken bij kinderen met het syndroom van Down (Mongooltjes). Na een paar verschrikkelijke dagen was ze erdoor heen.
Wat waren de werkbare ingrediënten? Ten eerste: Er is minder smetvrees, als je iets beters hebt te doen. De liefde voor kinderen, het werken met mongooltjes, gaat niet samen met smetvrees. Mireille zorgde voor concurrerende prikkels. Vervolgens zocht zij het probleem op. Het vermijden van angst leidt altijd tot meer angst.

10. Angst voor ongedierte

Spinnen, muizen, vlooien, rupsen, slangen, alles wat kruipt en wriemelt boezemt angst in en kan leiden tot regelrechte paniek. Vakanties worden moeilijk, kamperen onmogelijk. Voortdurend oppassen, almaar schoonmaken.
Maak een studie van deze diersoorten. Verzamel foto's en afbeeldingen, word ermee vertrouwd, zoek het 'gevaar' op en verander afkeer in bewondering en liefde.

11. Angst voor donker

Donker, niets kunnen zien, roept vaak een gevoel van onveiligheid op. Belangrijk is dat hier nieuwe en andere ervaringen tegenover staan. De zon zien ondergaan, observeren hoe kleuren langzaam maar zeker overgaan in tinten grijs en zwart. De sterren bestuderen; zo vaak mogelijk een avondwandeling maken met een vertrouwd persoon. De avond en de nacht zijn ervoor ons tot rust te brengen.

12. Angst voor jezelf

De angst dat je jezelf of anderen iets aan zult doen. Je wilt het niet, maar het lijkt wel alsof er een kracht, een dwang in je is, waardoor je het moet doen. Dat roept een enorme spanning op. Je vecht ertegen, maar je bent bang dat het sterker zal zijn dan je zelf bent. De spanning wordt ondraaglijk. Je kunt er met niemand over praten, want het is te gek voor woorden. Je schaamt jezelf dat je die gedachten hebt: Jezelf iets aandoen, je kinderen iets aandoen. Afschuwelijk. Dat je die gedachten hebt, is misschien wel het bewijs hoe slecht je in feite bent. Je kunt er met niemand over praten. Het krampachtig wegdrukken van dat soort gedachten maakt dat de invloed ervan groter wordt. Sta jezelf die gedachten toe, praat erover. De gedachten zijn schrikbeelden die jou overvallen en lastig vallen. Ze horen niet bij je en zijn niet van jou, net zomin als een nachtmerrie van jou is. Als je algehele conditie beter wordt, smelten deze angstaanjagende gedachtenkronkels als sneeuw voor de zon.

13. Dwanghandelingen

Angst geeft een gevoel van machteloosheid. Iets doen, iets kunnen doen, geeft angstreductie. Dit gevoel van verlichting maakt dat men een volgende keer bij angst de neiging krijgt hetzelfde te doen. Het gedrag raakt ingeslepen. Het werkt verslavend. Daarbij gaan ook dwanggedachten een rol spelen. 'Als ik dit niet doe, gaat het mis. Ik ben verantwoordelijk. Ik moet voorkomen dat er iets ergs gebeurt.' Dergelijke gedachten en de uitvoering daarvan geven aan hoe verantwoordelijk u zich voelt. Dat is heel aardig, maar waarom zou u zoveel verantwoording op uw schouders nemen? U heeft zich al zo vaak opgeofferd en weggecijferd. Is het niet tijd dat u zich rust gunt? Als u veiligheid zoekt bij anderen, anderen een beetje voor u verantwoordelijk laat zijn, dan verdwijnt uw Atlasgevoel. Het gevoel dat u als Atlas de hele wereld op uw nek draagt. U weet wel dat u niet verantwoordelijk bent, maar zo voelt het wel. Alleen gevoelens zijn dan ook in staat dit verantwoordelijkheidsgevoel te verminderen. Hoe meer geborgenheid, hoe meer veiligheid u in uw omgeving weet los te maken, des te meer kunt u ook dat wurgende verantwoordelijkheidsgevoel loslaten. U voelt dan dat het niet allemaal van u afhangt, dat ook anderen verantwoordelijk kunnen en willen zijn.

14. Dwanggedachten

Men kan mensen onder druk zetten, gevangen nemen en op die manier van hun vrijheid beroven. Wat iemand doet en wat iemand zegt, kan men controleren, maar de gedachten van een mens zijn vrij. Althans, een ander kan niet bepalen hoe en wat u denkt. Hierdoor lijkt het dat wij te allen tijde kunnen bedenken wat we willen. Vandaar dat vele mensen u in hun argeloosheid en onwetendheid de raad geven: Denk positief!
Helaas, sombere en angstige gedachten laten zich niet zomaar verdrijven,

hoe graag we dat ook willen. Ook hier speelt het druk tegendruk principe een rol.

Annie R., apothekersassistente in Overijssel, leidde een vrij zorgeloos en gelukkig leven, totdat ze in de krant las dat in Zeeland patiënten de verkeerde medicijnen hadden meegekregen van de apotheek en drie mensen overleden waren. Plotseling realiseerde ze zich dat ze een gevaarlijk beroep had . Patiënten met suikerziekte, hartpatiënten e.a. kunnen sterven als ze de verkeerde medicatie krijgen. Stel, dat je je vergist bij de samenstelling van een medicijn, stel dat je de dosis verkeerd kiest, stel dat je de medicatie van meneer A. verwisselt met die van mevrouw B. Annie nam zich voor minder zorgeloos te zijn en extra te letten op wat ze deed.
De volgende dag was ze hypergeconcentreerd, controleerde zichzelf en kwam doodmoe thuis. Ondanks de vermoeidheid kon ze de slaap niet vatten: Was de bereiding van de medicatie wel goed gegaan, had ze de juiste namen bij de juiste medicatie gedaan, hoe was dat met meneer Jansen en de heer Smulders? Ze sliep slecht en ging moe naar het werk. Dat ging ten koste van haar concentratie. Opeens had ze een idee. Ze zou Sylvia, haar collega, vragen haar werk te controleren.
Sylvia keek verwonderd toen Annie vroeg haar activiteiten te controleren, maar toen Annie vertelde dat ze moe was en concentratieproblemen had, vond Sylvia het goed. Na een paar dagen werd Sylvia nonchalanter en dat verontrustte Annie. Ze zou voortaan Sylvia nog even controleren. Liever één keer te veel dan één keer te weinig. Sylvia mocht het niet merken, maar dat was geen probleem. Helaas, na drie dagen zag Sylvia hoe Annie haar controleerde. Het was direct afgelopen. Sylvia stelde kort en bondig: Als je jezelf niet vertrouwt, wil ik je helpen; als je mij niet vertrouwt, niet. Annie besloot zichzelf dan maar weer te controleren. Soms twee, soms drie maal. Op een dag moest Annie bij haar baas, de apotheker, komen. Hij gaf te kennen niet tevreden te zijn over Annie. Alles duurde even lang, hij was haar getreuzel zat. Vroeger was ze vlot en slagvaardig en zo wilde hij dat en niet anders. Zijn woorden sneden door Annies ziel. Alles had ze voor haar werk over, dag en nacht en dan dit! Hij moest eens weten hoeveel het haar kostte alles zo goed mogelijk te doen! Hoe gesloopt ze thuis kwam elke dag, hoe ze het hele weekeinde bij moest komen en dan haar serieuze werk 'getreuzel' noemen! Ze zou zich echter niet laten kennen. Ze zou wat harder werken, wat langer, gewoon eerder beginnen en later weggaan. Niemand zou iets te klagen hebben over haar werk.

's Nachts kwamen echter steeds weer de twijfels: Had ze de medicatie van mevrouw Jansen en Fransen niet verwisseld? Weet je wat: Ze zou morgen tussen de middag even langs gaan bij mevrouw Jansen en vragen of ze de medicatie nog even mocht nakijken. Gelukkig bleek de volgende dag dat alles o.k. was. De twijfels kwamen echter vaker en steeds vaker ging Annie even bij patiënten langs. Op een dag werd de apotheker gebeld: Wat dat voor een gedoe was in zijn zaak, dat de medicatie thuis gecontroleerd moest worden? Toen was het gebeurd: Annie kreeg ontslag.

Een krantenbericht over een ongelukkig voorval ging bij Annie R. een eigen leven leiden. Wat ging er mis? Had dit voorkomen kunnen worden? Een tijdbom wordt niet onschadelijk gemaakt door oordopjes in te doen, zodat je het tikken niet meer hoort. Een tijdbom dient onschadelijk gemaakt te worden. Dat is een delicaat en zorgvuldig proces. Negatieve gedachten gaan niet weg door ze weg te duwen. Ze dienen ontleed en onschadelijk te worden gemaakt en vervangen te worden door iets beters.

Ongewenste gedachten zijn als lucht in een fles. Wanneer u de lucht uit een fles probeert te halen met een vacuümpomp, dan is er maar weinig voor nodig of de fles zit weer vol lucht. Er is een simpele en gemakkelijke manier om de lucht uit de fles te verwijderen, waarmee tevens wordt voorkomen dat de lucht er zo weer in terugkomt. De methode? U vult de fles met water, de lucht gaat eruit en komt niet meer terug. Zo raakt u uw vervelende gedachten niet kwijt door uw verstand vacuüm te pompen. Het is beter uw geest te vullen met interessante, boeiende gedachten en beelden. U piekert minder, wanneer u iets beter te doen heeft.

Conclusie

Van indringende angst en paniekervaringen wordt u steeds gevoeliger (sensitiever). Het is van belang dat u minder gevoelig wordt (dat er desensitisatie plaatsvindt). Flink zijn helpt niet. Een verantwoorde, veilige en systematische aanpak is vereist. Angst laat zich niet bestrijden via een recht-toe-recht-aan systeem; meestal moeten er omwegen worden bewandeld om het doel te bereiken. Weten wat het doel is en de juiste weg (niet de kortste) naar dit doel uitstippelen, vraagt flexibiliteit en creativiteit.

Samenvatting

Angst en vrees zijn aangeleerd. Angst is voor een deel ook cultureel bepaald. Spinnen en muizen in het westen, duivels en geesten in andere culturen.
Verschillende factoren bepalen of de angst toeneemt of afneemt:
- de omgeving
- de emoties
- de intensiteit van de prikkels
- de aandacht voor de prikkels
- de gedachten over de prikkels.

Elke intense ervaring laat een spoor na. Paniekervaringen maken ons gevoeliger. Succeservaringen maken ons sterker.

Belangrijke factoren bij angst zijn realistisch denken en het systematisch opzoeken van de angst.

- Realistisch denken: wat gebeurt er precies? Wat voel ik? Wat denk ik? In welke mate wordt mijn gevoel beïnvloed door niet realistische gedachten? Hoe kan ik mijn gedachten realistischer maken?

- De angst systematisch opzoeken - Niet weglopen voor de problemen;
- Het probleem onder ogen zien en analyseren;
- Een systematische aanpak kiezen;
- Vandaag beginnen met de aanpak;
- Het systeem op grond van concrete ervaringen aanpassen;
- Hulp vragen en open communiceren over gevoelens.

Stap 8 Zoek de angst op.

Vragen

1. Welke zijn de angsten waar u het meeste last van heeft?

2. Waar treedt de angst op?

3. Op welke manieren ontloopt u uw angst?

4. Hoe kunt u de angst verantwoord opzoeken?

Huiswerkopdrachten

Maak een plan waarmee u gericht aan uw angst kunt werken.

Bespreek dit met anderen.

Maak een verslag van uw ervaringen.

Nawoord

Als besluit van deze lessen, wil ik graag de lezer een aantal troostende en relativerende gedachten meegeven. Het zijn niet mijn gedachten, maar het zijn inzichten die naar boven kwamen bij het praten over ondraaglijk leed, over onrecht, over pijn en verdriet. Vragen die te maken hadden met waarom, met troost, met waardevol zijn en met zingeving. Het gaf toen steun, het maakte het leed iets beter te dragen. Daarom geef ik deze overpijnzingen graag aan u door.

Bemoediging

Wie een kind heeft verloren, wie een echtscheiding heeft doorgemaakt, wie ernstig gehandicapt is geworden, kent het intense gevoel van pijn dat door dergelijke trauma's wordt veroorzaakt. Je verdrinkt in een poel van verdriet en ellende. Er is onzekerheid, angst en wanhoop. Er is een eenzaamheid, waarbij men zich van God en alle mensen verlaten voelt. Een confrontatie met kwaad en ellende. De brandende vraag is: Waarom?
De grote fout van zogenaamde positivo's is dat zij negatief positief noemen. Het is echter dwaas kwaad goed te noemen, even dwaas als te beweren dat zwart eigenlijk wit is en dat zinloosheid toch zinvol is en vierkant eigenlijk rond. Natuurlijk kunnen mensen zichzelf heel lang iets wijs maken, maar niet altijd. Het lijkt een prettige gedachte dat geluk je eigen verdienste is, te danken aan je roze bril, te danken aan het met je hoofd in de wolken lopen. Vroeg of laat loop je met een dergelijk tactiek tegen een muur of struikel je over een steen. Dat doet extra zeer. Bovendien kost het heel veel energie als je de werkelijkheid, de nacht, het zwarte, het zinloze, het kwaad niet wilt zien.
Angst en intens verdriet kunnen door niets of niemand worden weggeredeneerd of weggeduwd. Sommigen storten zich op werk en activiteiten, anderen vluchten in drank en zenuwtabletten en weer anderen sluiten zich van alles en iedereen af en zinken moedeloos weg in een moeras van wanhoop en uitzichtloosheid.
Vluchten in activiteiten helpt niet. Het enige dat daarmee wordt bereikt,

is dat de diepe wond onverzorgd wordt weggestopt onder een dik verband en begint te zweren en te etteren. Hierdoor moet er later veel meer, veel intenser en veel langer aandacht aan het letsel worden gegeven. Het is best mogelijk met een ernstige wond gewoon door te lopen. Het lijkt ook heel stoer. Het is echter beter voor de genezing extra rust te nemen en de wond aandacht te geven en goed te verzorgen.

Je afsluiten van anderen helpt ook niet. Het is niet mogelijk ernstig verdriet alleen te verwerken. Wonden doen pijn, wonden hebben deskundige verzorging nodig. Soms moet de wond worden schoongemaakt, gehecht of dichtgenaaid. Dat geeft extra pijn. Ook dat is een belangrijke reden waarom mensen hun wonden verstoppen. Ze zijn bang voor hun kwetsbaarheid, voor hun emoties en voor de reacties van anderen daarop. Ze zijn bang anderen met hun problemen 'lastig' te vallen.

Als vluchten in activiteiten of het je afsluiten van anderen niet helpt, wat helpt dan wel? Hoe overleef je ernstige verwondingen, ernstig letsel? Hoe kunnen anderen je helpen, hoe kun je jezelf helpen?

Bij een ernstig lijden is er hulp, troost en bemoediging nodig. Dat kan alleen als het verdriet kenbaar wordt gemaakt. Je emoties uiten, praten over je angsten en je onzekerheden geeft niet alleen lucht, maar stelt anderen op de hoogte van de aard en grootte van je wond. Zoek mensen die willen luisteren, die willen begrijpen en die je leed willen delen. Zoek mensen die er voor je willen zijn, die warmte geven, die je vast willen houden en die je laten voelen via een arm om je heen of via een knuffel dat je je wel alleen voelt, maar dat je niet alleen bent.

Waardevol leven

Het is een instinctieve behoefte van ieder mens gelukkig te zijn. Gezondheid, welbevinden en zinvolle relaties geven het leven kleur en inhoud. Te snel worden deze gaven als vanzelfsprekend en als een natuurlijk recht beschouwd. Onbewust denkt men: Ongeluk treft alleen anderen. Ziekte, scheiding en dood worden zoveel mogelijk verdrongen. Als dan plotseling die kant van het leven ons treft, zijn we er nauwelijks op voorbereid. Weten we er geen raad mee. Voelen ons ontredderd en nutteloos. Ononderbroken lijden en gevoelens van angst en depressiviteit maken het

leven echter niet waardeloos. Wat doet, wat zegt u tegen uw vader of uw moeder, tegen uw zoon of dochter of tegen uw partner, als één van hen, degene die u het meest dierbaar is, emotioneel volledig aan de grond zit. Denk een ogenblik na over een dergelijke situatie. Probeer u dit zo levendig mogelijk voor te stellen. Daar zit die persoon, de tranen in de ogen, de wanhoop op het gezicht. Zou dan uw liefde of respect voor hem of haar verdwijnen? Zou u tegen uw kind zeggen: Ik doe je maar weg, want zo heb ik niets aan je? Wat zou u doen, wat zou u zeggen tegen degene, voor wie u de meest warme gevoelens heeft en die nu volledig aan de grond zit?
Zou u zeggen: *Dit wil ik niet. Dit accepteer ik niet.*
Of zou u zeggen: *Ik ben bij je; ik blijf bij je; ik accepteer je zoals je bent met al je onzekerheden, met al je angsten, met al je verdriet. Sluit me niet buiten, geef me een rol. Ik wil er voor je zijn; ik wil je ontreddering delen en als het kan, wil ik je troosten. Ook al weet ik niet hoe diep je ellende is, ik probeer me in te leven....*
Dat en nog veel meer zou u waarschijnlijk zeggen. Waarom zegt u dan niet hetzelfde tegen u zelf? Waarom laat u zich niet troosten?

Het leven zonder geluksgevoel is niet waardeloos. Gevoelens van geluk maken het leven niet waardevol.

Ruud B. is bijna 25 jaar getrouwd. Zijn vrouw Elly heeft ernstige rugklachten; de pijn maakt haar bij tijd en wijle praktisch invalide. Ruud doet van alles voor zijn vrouw, hoewel de pijn en de beperkingen haar vaak opstandig en onzeker maken. Ruud en Elly hebben veel mee- gemaakt. Hun tweede dochter bleek ernstig gehandicapt te zijn. Dag en nacht, zeven dagen in de week waren er zorgen. Ruud trok zich op aan zijn werk, zijn sport, zijn hobby's en zijn gezonde dochter. Dit gaf hem kracht om er voor zijn vrouw en zijn gehandicapte kind te zijn.
Dan ontmoet hij een jongere collega. De vonk slaat over. Ruud kon zich niet indenken dat hij ooit zo gelukkig kon zijn. Nu voelde hij wat hij bij Elly had gemist. Vrijheid, zorgeloosheid en hartstocht, en hij besluit dat hij er recht op heeft gelukkig te zijn.
Hij drijft de scheiding erdoor, wil alles geven aan zijn geliefde. Elly moet nu maar voor zichzelf zorgen. Ruud heeft genoeg gedaan.

Het is duidelijk dat geluk mensen soms egoïstisch maakt. Elke potentiële bedreiging voor het geluk wordt geneutraliseerd.

De wereld van Elly is ingestort. Ze dacht dat Ruud haar onvoorwaardelijk trouw zou zijn. Zij had alles gegeven voor haar gezin. Ze gunde Ruud zijn sport en zijn hobby's en zijn verenigingsleven. Ze vond het logisch dat zij al haar energie aan haar man en haar dochters gaf, dat ze haar broze lichaam forceerde om zoveel mogelijk voor de anderen te kunnen betekenen. Na oneindig veel problemen had haar gehandicapte dochter een plaatsje in een goed tehuis gevonden, haar oudste dochter was afgestudeerd. Nu zou er tijd zijn voor Ruud en haarzelf. Nu zou ze haar lichaam meer rust kunnen geven. Helaas, in het zicht van de haven strandde haar leven, werd ze gedumpt, geofferd op het altaar van het geluk van Ruud.

Een film wordt bepaald door de afloop. Als een ellendige film een goed einde heeft, dan is de hele film goed. Als een prachtige film ellendig eindigt, is het eigenlijk een rotfilm. Het einde van Elly's huwelijk wierp een grouwsluier over de hele film. In deze afschuwelijke periode leerde ze dat er mensen zijn, die er voor je zijn. En vervolgens vroeg ze zich af: Wat voor een man, wat voor een huwelijk had ik? Ruud deed veel voor me, maar waarom? Was hij er voor me? Waarom altijd werk, altijd problemen, altijd zorgen, altijd onzekerheid. Waarom was ik zo alleen, zo onzeker, zo eenzaam?
Het verwerken van een dergelijke traumatische scheiding duurt minimaal drie jaar. Dat is de prijs die Elly betaalt voor het streven van haar man naar 'geluk'. Het is hem gegund.

Duidelijk is dus dat een ellendig leven niet waardeloos is en een gelukkig leven niet waardevol. Als we ons verlaten en eenzaam voelen, wil dat niet zeggen dat anderen er niet voor ons willen zijn, dat God er niet is. 'Neem uw kruis op en volg Mij' klinkt hard, maar is niet zonder betekenis. Wat alle positivo's ook mogen beweren: Volwassen, realistisch leven is het ongeluk, de angst en de onzekerheid met vertrouwen accepteren, erin berusten, eraan overgeven en ermee aan het werk gaan. Vechten tegen iets wat we niet kunnen beïnvloeden, is zinloos. Het is beter een kaars aan te steken, dan de duisternis te vervloeken! God heeft ons geen gemakkelijke reis beloofd, maar wel een warme en behouden thuiskomst!

Adresgegevens

Stichting Fobieclub Nederland
Hoofdstraat 122
3972 LD Driebergen
Postbus 209
3970 AE Driebergen
Tel. 0900-2008711 (09.00-13.00 uur) – 55 ct. per minuut
Fax 0343-531737
E-mail: info@fobieclub-nederland.nl
Internet informatie: www.fobieclub-nederland.nl

Ontspanningscassette

Om u te helpen uw gedachten rustig te maken kunt u gebruik maken van een ontspannings-CD of audiocassette. U kunt deze bestellen door overmaking van € 15 (onder vermelding van 'CD') of van € 10 (onder vermelding van 'audiocassette') op gironummer 6888395 ten name van Medische Psychologie, Enschede.

Internet:

http://www.fobie.pagina.nl
http://www.fobie.startkabel.nl

E-mail dr Frits Winter:

Winter44@freeler.nl

het Brein de Baas

Het zelfbehandelen van geheugenproblemen

Iedere vijf minuten loopt in Nederland iemand een hersenletselop, terwijl één op de vijf mensen vroeg of laat een hersenaandoening krijgt. De gevolgen zijn vaak dramatisch.

In de pers heeft het Brein de Baas veel aandacht getrokken. Hierdoor is het schreinende verborgen leed van veel ouder wordende mensen, maar ook van veel verkeersslachtoffers (m.n. whiplash) weer bekend geworden. Eindelijke een concrete handleiding voor deze steeds groter wordende groep personen, die door hun beperkingen in het denkvermogen steeds meer in een isolement dreigden te raken.

Paperback ISDN 90 5513 155 5

Een uitgave van Verba